# 직업 멘토 ⑤

어린이 지식 e

경제와 사회

# 어린이 지식 ●

# 직업 멘토 ⑤ 경제와 사회

**초판 1쇄 인쇄**   2015년 12월 28일
**초판 1쇄 발행**   2016년 1월 7일

**발행처** 이비에스미디어(주)
**발행인** 김재근
**기획** EBS ●● MEDIA 장명선   DKJS 성준명
**글** 김진수/박근영   **그림** 김미선   **편집** 아우라   **디자인** 인앤아웃

**판매처** ㈜DKJS
**등록** 2009년 11월 18일 (제2009-000323호)
**주소** 서울특별시 강남구 강남대로 84길 23, 1408-2호
**전화** (02)552-3243   **팩스** (02)6000-9376
**이메일** plus@dkjs.com

ISBN   979-11-5859-056-7 (64300)
ISBN   979-11-5859-036-9 (세트)

꿈을 이룬 멘토가 들려주는 직업이야기

# 직업 멘토 ⑤

어린이 지식

e

경제와 사회

글 김진수/박근영 그림 김미선

지식플러스 ⁺

## 풍요롭고 행복한 세상을 만든 직업 멘토와 함께
## 나의 꿈, 나의 직업을 찾아보아요

"이다음에 크면 뭐가 되고 싶어?"

"너는 장래 희망이 뭐야?"

"가장 하고 싶은 일은 뭐니?"

누구나 한번쯤 이런 질문을 받아 본 적이 있을 거예요. 이럴 때 뭐라고 대답하나요? 의사, 변호사, 과학자, 개그맨, 패션모델, 만화가, 경찰관……. 앞으로 내가 무엇이 되고 싶은지 자신의 장래 희망을 확실하게 정한 사람도 있겠지만 아직은 내가 무엇을 좋아하는지, 어떤 일을 하고 싶은지 잘 모르는 사람도 많을 거예요. 사실 나의 꿈, 나의 직업을 찾는 것은 질문하긴 쉽지만 그리 간단치 않은 문제이지요. 하지만 아주 중요한 일이에요. 나의 꿈이 정해지면, 그 꿈을 목표로 하루하루의 삶이 달라지니까요.

그럼 어떻게 답을 찾아 나가면 좋을까요?

무엇보다 다양한 직업의 세계에 대해 정확하고 풍부하게 알아야 해요. 세상에는 수많은 직업이 있지만, 실제로 우리가 알고 있는 직업은 생각보다 많지 않거든요. 또 이미 알고 있는 직업도 구체적으로 무슨 일을 어떻게 하는지 잘 모르는 경우가 많답니다.

《어린이 지식ⓔ 직업 멘토》는 다양하고 생생한 직업의 세계로 안내하는 '직업 내비게이터'가 되어 줄 거예요. 각 분야에서 최선을 다하고 열정을 쏟아 자신의 꿈을 이룬 직업인들이 친절한 멘토가 되어 우리가 잘 모르는 직업 이야기를 들려주기 때문이지요. 직업 멘토들은 그 일을 어떻게 시작하게 되었는지, 무엇을 준비해야 꿈을 이루고 성공할 수 있는지, 그 일을 할 때 어렵고 힘든 점은 무엇인지, 또 어떤 기쁨과 보람을 느끼며 일하는지 등 우리가 몰랐던 흥미진진한 직업의 세계에 빠져들게 해 줄 거예요.

또한 《어린이 지식ⓔ 직업 멘토》에서는 빠르게 변화하는 사회의 흐름에 발맞추어 새롭게 주목받을 미래의 유망 직업에 대해서도 알려 주어요. 패션 예측가, 다문화 코디네이터, 웃음 치료사, 공정 여행 기획자 등 지금은 낯설지만 앞으로 도전하면 좋은 직업에는 무엇이 있는지, 또 그 직업을 가지려면 어떻게 해야 하는지를 소개하고 있답니다.

내가 원하는 직업에 대해 좀더 자세히 알고 싶을 때, 그리고 관련 직업에 대해 궁금증이 생길 때에는 〈지식ⓔ 궁금해!〉 코너를 살펴보세요. 내가 꿈꾸는 직업인이 되려면 구체적으로 무엇을 어떻게 준비해야 하는지, 또 내가 원하는 분야와 연관된 직업에는 무엇이 있는지를 알기 쉽게 핵심만 쏙쏙 모아 놓았으니까요.

《어린이 지식ⓔ 직업 멘토》'경제와 사회' 편에서는 최고 경영자, 투자가, 회계사, 프로파일러, 사회 복지사, 국제 NGO 활동가, 다이어트 프로그래머 등 더욱 풍요롭고 행복한 세상을 만드는 직업을 보여 줍니다. 마크 저커버그, 워런 버핏, 알베르트 슈바이처, 표창원, 말랄라 유사프자이 등 우리가 좋아하고 알고 싶어 하는 멘토들의 이야기를 따라가다 보면 어느새 나의 꿈에 한 발짝 더 가까이 다가가 있을 거예요. 지금까지 전혀 관심이 없던 직업에 새로운 흥미를 느낄 수도 있고요. 자, 나의 꿈과 나의 직업을 찾아 신나는 여행을 떠나 볼까요?

# 차례

머리말 풍요롭고 행복한 세상을 만든 직업 멘토와 함께
나의 꿈, 나의 직업을 찾아보아요

**1부 풍요로운 생활을 누리게 하는 직업**

**01** 조직의 최종 목표를 결정하는 리더 최고 경영자 마크 저커버그 • 10

**02** 현재보다 미래에 투자하는 예측가 투자가 워렌 버핏 • 22

**03** 황금을 만드는 미다스의 손 펀드 매니저 앤서니 볼턴 • 34

**04** 회계를 전문적으로 처리하는 재정 관리자 회계사 김연준* • 46

**2부 안전하고 건강한 삶으로 이끄는 직업**

**05** 법과 정의의 수호자 판사 천종호 • 60

**06** 이성과 감성을 겸비한 범죄 심리 분석가 프로파일러 표창원 • 72

**07** 비행길을 안내하는 하늘 길잡이 항공 관제사 박성훈* • 84

**08** 생명을 아끼고 존중하는 전문 의료인 의사 알베르트 슈바이처 • 94

**09** 건강을 책임지는 영양 관리사 영양사 김나은* • 104

▪ 직업에 관한 이해를 돕기 위해 가상 인물로 소개했어요.

# 1부

# 풍요로운 생활을
# 누리게 하는 직업

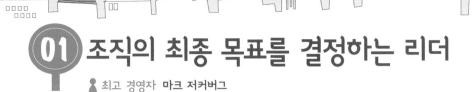

# 01 조직의 최종 목표를 결정하는 리더

최고 경영자 **마크 저커버그**

## ★ 리더십과 협상 능력을 기른다

최고 경영자(CEO)는 한 기업의 총체적인 경영을 책임지는,
가장 높은 위치에 있는 사람이다. 이들은 자신이 책임지고 있는
조직의 목표와 방향을 결정한다. 최고 경영자가 되려면
어떤 자질을 갖춰야 할까?

자신이 다니고 있는
하버드 대학 여학생들의 사진을 이용해
일종의 '인기투표' 사이트를 만든
한 청년이 있었다.

그가 만든 '페이스매시'라는 이 사이트는
학교의 서버를 마비시킬 정도로 엄청난
인기를 끌었지만 커다란 문제를 안고 있었다.
여학생들의 허락 없이 사진을 마음대로 사용한 것.

학교로부터 징계를 받는 등 우여곡절을 겪었지만
그는 이 일을 계기로 한 가지 아이디어를 떠올렸다.

'스스로 자신의 정보를 올리고
다른 사람과 즐겁게 공유할 수 있다면
이런 문제가 또다시 생기지 않을 거야.'

 내가 사업을 한다면 어떤 사업을 하고 싶나요?

청년은 페이스매시에

그 아이디어를 더해 '더페이스북'을 만들었고

이 사이트는 현재 세계에서 가장 큰

소셜 네트워크 서비스(SNS)인

'페이스북'으로 발전했다.

이 같은 놀라운 성취를 이룬 주인공은

바로 페이스북 최고 경영자인

마크 저커버그.

**더페이스북:** 페이스북의 초기 단계 서비스로, 2005년 페이스북으로 이름이 바뀌었다.

기업 경영의 정해진 틀을 싫어해

항상 혁신을 꾀하는 그는

각종 언론으로부터

'정보화 시대의 가장 영향력 있는 인물'로 손꼽힌다.

**소셜 네트워크 서비스(SNS):** 인터넷 상에서 여러 사람과 관계를 맺을 수 있도록 해 주는 서비스로 페이스북, 트위터 등이 있다.

하버드 대학을 중퇴한
저커버그가 최고 경영자로서
경영을 책임진 페이스북은

**인수:** 물건이나 권리를 건네받다.

엄청난 속도로 성장해
2006년 미국 인터넷 서비스 기업 '야후'로부터
10억 달러의 인수 제안을 받기에 이른다.

그러나 저커버그는 이를 거절하고
계속해서 페이스북을 직접 운영해 나갔다.

2010 타임지가 선정한 "올해의 인물"

Person of the Year
TIME

최고 경영자는
자신이 책임지고 있는
조직의 최종 목표와 방향을
결정하는 리더이다.

하지만
최고 경영자로서 저커버그는
'내가 다 책임질 테니 시키는 대로 해!'라는
따위의 말을 하는 사람은
결코 아니었다.

그는
최고 경영자란
책임지는 사람이 아니라
책임을 나눠 주는 사람이라고
생각했다.

자신이 가진 책임을 나눠 줄 때
조직의 구성원에게도 주인 의식이 생겨
일이 노동이 아니라 재미와 놀이가 된다는
신념을 지니고 있었다.

저커버그의 이러한 생각과 신념은
그가 친구들과 어울려 만든
페이스북 서비스의 운영 방식에도
그대로 반영되었다.

처음에는 몇몇 대학생만 이용하던 페이스북은
가입자 스스로 프로필을 만들고
사진과 동영상을 올리고
친구들과 연락을 주고받을 수 있게 되자
순식간에 유명세를 탔다.

실명과 이메일 주소를 공개하면서

'신뢰할 수 있는 관계'를 강조한다는 점에서

페이스북은 다른 소셜 네트워크 서비스와 차별화되었다.


저커버그는

개개인의 친구뿐만 아니라

친구의 친구들에게도 정보가 널리 퍼지는

네트워킹을 특별히 강조했고

이를 '소셜 그래프'라고 불렀다.

최고 경영자는

조직의 운영에 대한 확고한 신념을

가져야 하는 것은 물론,

## 미래를 내다보고
## 새로운 비전을 제시할 수 있어야 한다.

**비전:** 앞으로 다가올
미래의 상황.

스마트폰의 강한 보급력을 눈여겨본 저커버그는

모바일 시장에 페이스북의 미래가 있다는 사실을 간파하고

기존의 것보다 속도가 훨씬 빨라

스마트폰에서 이용하기 적합한

페이스북 라이트 버전을 선보이기도 했다.

**보급력:** 많은 사람에게
널리 퍼지게 하는 힘.

2015년 페이스북의 가치는

230조 원으로 추측되며

페이스북 매출의 73%는

모바일에서 발생한다.

전 세계 12억 명의 사람이
매일 매시간 활발히 정보를 주고받으면서
우정을 쌓아 가고 있는 페이스북.

비범한 한 젊은이가
세상을 변화시키고
하나로 연결한 것이다.

**비범하다:** 보통 수준보다
훨씬 뛰어나다.

그 젊은이가
이 시대의 사람들을 향해 말한다.

"모두가 원하지만
아무도 하지 않은 일에 도전해 보세요."

## 최고 경영자가 되고 싶다고요?

CEO(Chief Executive Officer)라고 불리는 최고 경영자는 한 기업의 대표를 말해요. 회사 일에 누구보다 큰 책임을 지고 있으며, 모든 업무에 관해 최종적인 결정을 내려요. 자기만의 경영 철학을 가지고 기업을 이끄는 최고 경영자는 사업을 계획하고 목표를 이루기 위해 각종 전략을 짜지요. 자신의 기업을 소유하고 있다면 누구나 최고 경영자가 될 수 있는데, 규모가 큰 기업의 경우 기업 소유주가 직접 경영에 참여하지 않고 최고 경영자를 고용하기도 해요. 이는 전문 경영 능력을 갖춘 최고 경영자에게 일을 맡겨 기업 경영의 전문성을 확보하기 위해서랍니다. 최고 경영자가 되는 또 다른 방법은 회사에서 승진을 하는 거예요. 최고의 자리에 오르기까지 많은 노력이 필요하겠지만, 차곡차곡 단계를 밟아 가며 회사 일을 두루 경험한 만큼 회사 경영에 관해서는 진정한 전문가가 될 수 있지요. 최고 경영자에게는 사업 분야에 대한 전문 지식은 물론 리더십, 의사 결정 및 소통 능력, 협상 능력 등이 꼭 필요해요. 또 한 기업의 대표로서 여러 사람을 만나고 목표를 성취해 나가려면 원만한 대인 관계를 가져야 하지요. 최고 경영자가 되는 데 특별한 학력 제한은 없지만 대학에서 경영학이나 경제학 등을 전공한 경우가 많아요.

# 경영과 관련된 직업이 궁금하다고요?

## ＊ 경영 컨설턴트

경영 컨설턴트는 인사, 재무, 마케팅, 생산, 물류 등 기업 경영 전 분야에서 생길 수 있는 여러 문제의 해결책을 찾고 상담하는 일을 해요. 먼저 기업의 경영 상태를 파악한 후 문제점을 꼼꼼히 분석하지요. 기업을 상대로 전문적인 경영 컨설팅을 해야 하기 때문에 경영학이나 경제학 석사 이상의 학위를 갖고 있는 경우가 많아요. 분석적인 사고력과 창의력이 필요하며, 팀을 구성해 일하는 경우가 많아 여러 사람과 어울리는 걸 좋아하는 사람에게 잘 맞아요.

## ＊ 기업 인수·합병 전문가

어떤 기업이 다른 기업의 경영권을 가져오는 것을 인수(Acquisitions), 서로 다른 두 기업이 하나의 기업으로 합쳐지는 것을 합병(Mergers)이라고 해요. 기업이 경쟁력을 키우거나 새로운 사업을 시행하기 위해 엠앤드 에이(M & A, Mergers & Acquisitions)라고 불리는 인수·합병을 하는 경우가 있어요. 이 과정에서 인수·합병 전문가는 기업의 자산을 평가하고 인수·합병에 필요한 여러 조건을 조정하는 일을 한답니다.

## ＊ 사회적 책임 경영 컨설턴트

사회적 책임 경영이린 기업이 이윤만을 추구하는 것이 아니라 사회에 공헌하는 일도 함께 해 나가는 것을 말해요. 환경 문제를 개선하는 데 힘쓰고, 소비자의 이익을 보호하며, 직원을 위해 좋은 복지 제도를 마련하는 것 등이 여기에 포함되지요. 사회적 책임 경영 컨설턴트는 기업이 이와 같은 일을 얼마나 잘하고 있는지 평가하고 더 나은 방법을 안내한답니다. 기업의 사회적 책임이 점점 커짐에 따라 이들의 역할은 보다 중요해질 거예요.

## 02 현재보다 미래에 투자하는 예측가

👤 투자가 워렌 버핏

★ 경제 흐름과 인간의 심리를 파악한다

투자가는 주식이나 채권, 파생 상품, 부동산 등에
자신의 자산을 투자해 미래의 이익을 획득하는 사람이다.
이런 투자가에게 가장 필요한 것은 무엇일까?

할아버지가 운영하는 슈퍼마켓에서
콜라나 껌을 사 동네 아이들에게 되팔던
한 소년이 있었다.

'약간의 지혜와 부지런함만 있다면
얼마든지 돈을 벌 수 있겠어!'

사업가이자 정치인이었던 아버지를 둔
부유한 집안의 이 소년은
돈을 버는 일에 관심이 많았지만
그 돈을 어떻게 쓰느냐가
더욱 중요한 문제라고 생각했다.

 **파생 상품:** 주식이나 채권 등의 가치 변화에
따라 가격이 결정되는 금융 상품으로, 손해를
줄이거나 더 높은 수익을 얻을 수 있다.

 투자와 투기의 차이점은 무엇일까요?

이 소년이 바로

훗날 세계 최고의 투자가로
이름을 떨치게 되는
워렌 버핏.

**오마하의 현인:** 버핏이 자신의 고향인 네브래스카 주 오마하를 거의 벗어나지 않으면서도 주식 시장의 흐름을 정확히 꿰뚫는 데서 온 표현.

그는 뛰어난 투자 실력과 기부 활동으로
'투자의 귀재', '오마하의 현인'이라 불린다.

미국의 경제지 《포브스》에 따르면
2008년 10월 기준으로
버핏은 세계의 갑부 순위 1위에 올랐지만
오랜 친구인 빌 게이츠가 운영하는 재단에
재산의 85%인 370억 달러를
기부하겠다고 약속했다.

370억 달러

1965년, 버핏은
섬유 제조 회사인 버크셔 해서웨이의
경영권을 갖게 된 후
이 회사를 투자의 기반으로 삼았다.

1960~90년대
미국의 주요 주식은 그 가치가
해마다 약 11%씩 상승했지만
버크셔 해서웨이의 상장 주식은
해마다 28%의 수익을 올릴 정도로 성장했다.

**상장 주식:** 증권 거래소에
등록되어 매매가 이루어지는
주식.

투자가는
자신이 투자하는 돈을
손실의 위험으로부터 방어하면서도
최대의 이익을 추구해야 한다.

이렇듯 위험을 피하는 동시에
이익을 얻을 수 있으려면
합리적인 결정을 해야만 한다.
그리고 이 합리적인 결정에는
반드시 '지혜'가 필요하다.

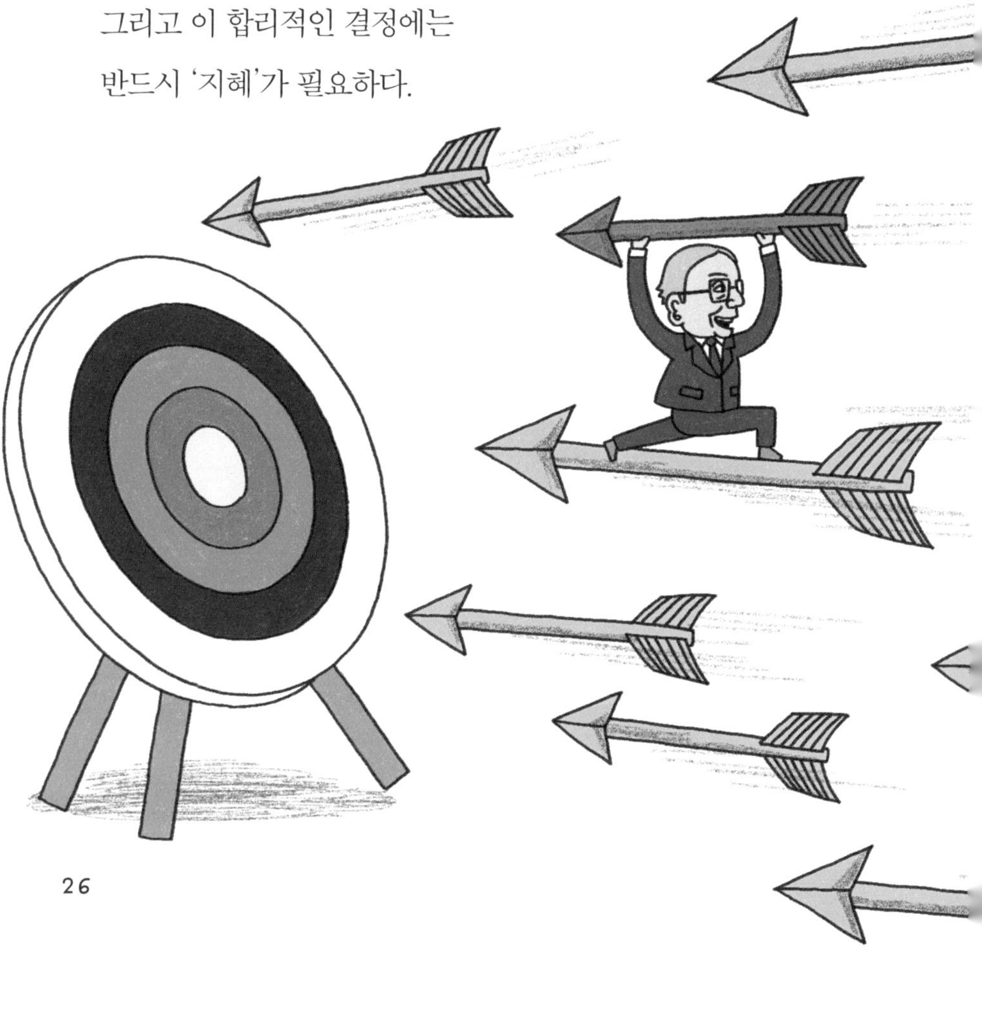

'오마하의 현인'이란 별명에 걸맞게
버핏은 무엇보다
위험을 피하는 지혜를 갖고 있었다.

"위험은 자신이 무엇을 하는지 모르는 데서 온다."

또 투자의 귀재답게
언제 어떻게 투자해야 하는지도
잘 알고 있었다.

"사람들이 공포감에 빠져 있을 때 욕심을 부려라.
거꾸로 사람들이 탐욕을 부릴 때에는 공포를 느껴라.
그러나 자신이 시장보다 더 똑똑하다는 오만함은 버려라."

27

투자가는
현재의 이익보다는
앞날의 이익을 예견해
미래에 투자하는 사람이다.

서브프라임 모기지 위기: 저소득층을
대상으로 한 주택 담보 대출이 활발히
이루어지던 중 경제 정책 변화로 인해
대출자들이 대출금을 제대로 갚지 못하게
되자 대출 업체들이 연이어 파산하면서
발생한 경제 위기를 말한다.

미국이 서브프라임 모기지 위기에 빠져 있을 때
버핏은 여러 사업 협상을 성사시켰다.
이는 비록 당시에는 논란이 되었지만
고수익을 올리는 결과를 낳았다.

2008년 9월,
버핏은 남들이 투자를 망설이고 있던
골드만 삭스에 50억 달러를 투자했고
그다음 달에는 거대 전기 회사인 제너럴 일렉트릭
관련 주식 30억 달러어치를 사들였다.

미국 전체가 경제 위기를 겪는 동안에도
그는 미래를 내다보고
과감한 투자를 서슴지 않은 것이다.

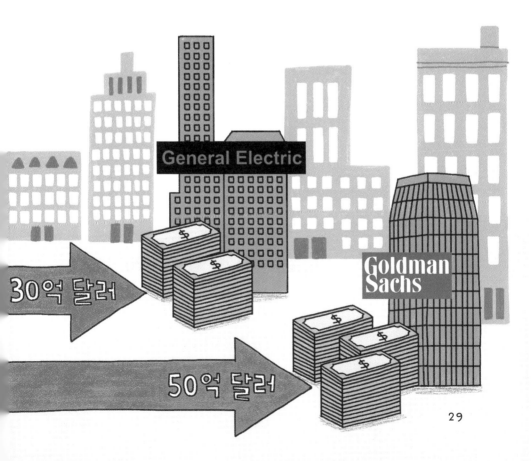

그러나 투자가로서 버핏이 거둔
인생 최대의 성공은
자신의 거의 모든 재산을
가난한 이들을 위해 기부하기로 한
선택에 있었다.

세계 보건과 교육 문제에 관심을 가진
'빌 앤드 멜린다 게이츠 재단'과
대학 장학금 프로그램을 지원하고 있는
'수잔 톰슨 버핏 재단'에
재산을 기부하기로 결정했던 것이다.

세계 최고의 부와 성공을 이룬
워렌 버핏은 말한다.


"성공은 나를 사랑해 주었으면 하는
사람에게 내가 사랑 받는 것이다."

그는 자신이 번 재산을
사회에 돌려줌으로써
세상 사람에게
존경과 사랑을 받았다.


비록 우리 모두가
버핏 같은 부자는 될 수 없을지라도
버핏처럼 삶에서 성공할 수는 있을 것이다.

### 투자 용어를 알아볼까요?

\* 주식

주식을 발행해 여러 투자자로부터 돈을 모아 설립한 회사를 주식회사라
고 해요. 여기서 주식이란 투자자 개인이 회사에 돈을 얼마나 투자했는지
증명하는 문서로, 증권사를 통해 사고팔 수 있답니다.

\* 채권

채권은 국가나 공공 기관, 지방 자치 단체, 기업이 사업에 필요한 돈을 구
하기 위해 발행하는 증권이에요. 다른 투자 상품에 비해 손해를 볼 위험
이 적지요. 주식과 마찬가지로 증권사를 통해 거래할 수 있어요.

\* 파생 상품

투자 시장에서 주식이나 채권, 석유, 금속 등을 기초 자산이라고 해요. 이
러한 기초 자산의 가치 변화에 따라 가격이 결정되는 금융 상품을 파생
상품이라고 하지요. 기초 자산의 가치 변동이 심해 손해를 볼 위험이 큰
경우를 대비해 개발되었답니다.

### 투자가가 되고 싶다고요?

자신의 돈을 금융 상품이나 부동산에 투자해 더 많은 돈을 벌어들이는
사람을 투자가 혹은 투자자라고 해요. 투자가는 개인이 될 수도 있고 증
권사, 보험사, 은행과 같은 기관이 될 수도 있어요. 투자가는 경제와 금융

에 관해 두루 알고 있어야 하는 것은 물론이고, 정보를 분석하는 능력과 시장 예측력, 판단력 등을 갖춰야 하지요. 또 많은 수익을 얻으려면 자신만의 투자 비법도 개발해야 한답니다. 투자가는 스스로 투자에 관한 일을 처리할 수도 있지만, 투자 전문가인 애널리스트나 펀드 매니저의 도움을 받기도 해요.

## 투자와 관련된 직업이 궁금하다고요

### ✽ 애널리스트

주식, 채권, 파생 상품 등에 관한 투자 정보를 개인이나 기업 투자자에게 제공하는 일을 해요. 주로 증권사에서 근무하면서, 자신의 담당 업종이 속해 있는 산업의 경제 동향을 파악하고 기업의 재정 상태나 경영 성과를 분석해 투자할 만한 가치가 있는지 판단하지요. 애널리스트가 되려면 평소 기업 분석 리포트나 경제 뉴스를 꼼꼼히 챙겨 보는 것이 좋아요. 또 보고서 작성이나 프레젠테이션 업무가 많기 때문에 엑셀이나 파워포인트 같은 문서 작성 프로그램을 능숙하게 다뤄야 하지요.

### ✽ 외환 딜러

달러나 유로, 엔 등 외국 화폐는 때마다 값이 달라져서 싸게 사거나 비싸게 살 수도 있어요. 이렇게 시시각각 변하는 외환 시세를 환율이라고 해요. 외환 딜러는 환율 변화를 예측해 가장 쌀 때 사서 가장 비쌀 때 팔아 이익을 남기지요. 전 세계 뉴스를 살피고 경제 흐름을 파악해 외환 거래 전략을 세워요. 짧은 순간의 판단에 따라 이익을 얻거나 손해를 볼 수도 있기 때문에 예리한 분석력과 빠른 판단력이 무엇보다 중요하답니다.

# ⓪③ 황금을 만드는 미다스의 손

👤 펀드 매니저 앤서니 볼턴

## ★ 자신만의 투자 비법을 개발한다

펀드 매니저는 은행, 증권사, 보험사 등의 금융 기관에서
전문 지식에 근거한 판단을 바탕으로 대규모 투자 자금을 운용하는
전문 투자가이다. 펀드 매니저에게는 어떤 능력이 필요할까?

1979년부터 2007년까지
무려 28년 동안
뛰어난 투자 감각으로
자신이 운용하는 펀드에서
연평균 19.5%라는
경이적인 수익률을 기록한
한 펀드 매니저가 있다.

'나는 남들과 다르게 투자하겠어.
남들과 똑같이 한다면
그저 평균이나 그 이하밖에
되지 않을 테니 말이야.'

 은행에 저금을 하거나 적금을 드는 일도 투자에 해당할까요?

천부적인 투자 실력을 가져
'투자의 전설'로 불리는
영국 최고의 펀드 매니저
앤서니 볼턴.

★
★★ **천부적:** 태어날 때부터
가지고 있는.

볼턴의 기적과도 같은 신화는
그가 당시 막 영국에 진출했던
세계적인 자산 운용 회사 피델리티의
간판 펀드 운용을 맡으면서부터
시작되었다.

300만 파운드로 출발한

볼턴의 펀드 규모는

그동안 60억 파운드로 불어났는데

이는 누적 수익률 14,000%를 달성한 것으로

영국에서 최대 규모를 자랑한다.

**파운드:** 영국의 화폐 단위로, 60억 파운드는 우리 돈 약 11조 5천억 원에 해당한다.

만약 어느 투자자가

앤서니 볼턴에게

1,000만 원을 맡겼다면

28년 후에 14억 원이 된 것이니

놀라운 투자 수익률임에 틀림없는 수치.

**누적 수익률:** 투자자가 처음 투자한 금액과 이익으로 얻어진 금액을 더한 합계액이 다음번 투자금이 되는 복리법 계산에 따라 발생한 수익률.

그러나 볼턴이 이루어 낸 진정한 기적은
경이적인 수익률에 있는 것이 아니라
28년간 한 해도 빠짐없이
시장 평균 수익률을 넘어섰다는 사실에 있다.

이는
"합리적이고 효율적인 시장에서 장기적으로
시장 평균 수익률을 능가하는 투자자는 없다."는
금융가의 정설을 깬
예외적인 사건으로 기록되고 있다.

**정설:** 일정한 결론에 도달해 이미 확정되어 굳어진 견해.

펀드 매니저는 보통
손실의 위험을 피하기 위해
펀드를 주식, 채권, 통화, 파생 상품 등으로
분산해 운용한다.


그리고 대부분
수익 증권이나 뮤추얼 펀드와 같은
간접 투자 상품을 개발해서
고객에게 판매하고
그 상품을 잘 관리해
높은 수익을 되돌려 주려 한다.

**수익 증권**: 재산의 운용을
맡기고 거기서 발생하는 수익을
받을 권리를 표시한 증권.

**뮤추얼 펀드**: 주식회사 방식으로
운용되는 펀드로, 투자자는 수익자인
동시에 그 회사의 주주가 된다.

'펀드 매니저가
가장 존경하는 펀드 매니저'로
선정되기도 한 볼턴은
탁월한 시장 예측력으로
자신이 운용하는 펀드에
가장 적합한 매매 시점을 찾는
이른바 가치 투자를 지향했다.

"피가 낭자할 때 사고,
웃음소리가 넘쳐날 때 팔라."는

**낭자하다:** 여기저기 흩어져 어지럽다.

그의 투자 철학은
역발상 전략을 갖고 있었다.

**역발상:** 일반적인 생각과
반대가 되는 생각을 해 내다.

앤서니 볼턴은 말한다.

"남에게서 힌트를 얻되 남과 다르게 투자하라."

펀드 매니저로서 볼턴은
대중과 달리 생각하고
대중과 따로 투자한다는
역발상 전략을
충실하게 실천에 옮겼다.

세계적인 금융 위기가 닥친
2006년 말부터 2007년 초에
볼턴의 투자 감각과 역발상 전략은
더욱 탁월한 빛을 발했다.

사람들이 투자에 몰리는 상황에서
볼턴은 그때가
이제 물러날 시점이라는 것을
알고 있었던 것이다.

볼턴의 역발상 투자 원칙의 바탕에는
철저히 기업의 가치에 집중하고
그것이 저평가되었을 때 투자한다는
가치 투자 철학이 자리 잡고 있었다.

모든 펀드 매니저가
볼턴과 같은 천부적인 감각과
전략을 갖출 수는 없다.
그러나 그의 말에 희망을 걸 수는 있다.

"모방은 훌륭한 투자의 핵심이다."

### 펀드 매니저가 되고 싶다고요?

은행이나 증권사를 비롯한 금융 기관에서 일하는 전문 투자가를 펀드 매니저라고 해요. 고객에게 금융 상품을 판매해 투자금을 마련하고, 수익을 얻기 위해 그 돈으로 투자를 진행하지요. 펀드 매니저는 투자 대상이  되는 주식, 파생 상품, 부동산 등에 전문 지식을 갖춰야 하며, 이를 바탕으로 자신만의 투자법을 개발하는 것이 중요하답니다. 또 고객의 돈을 다루는 만큼 책임감과 도덕성이 필요해요. 대학에서 경영학, 경제학, 통계학 등을 전공한 경우가 많으며 펀드 매니저의 능력에 따라 고객이 얻을 수 있는 성과의 차이가 크기 때문에 능력을 인정받는 경우와 그렇지 않은 경우 서로 받을 수 있는 대우의 차이가 큰 편이에요.

### 펀드 매니저와 비슷한 직업이 궁금하다고요?

＊개인 자산 관리사

PB(Private Banker)라고 불리는 개인 자산 관리사는 개인의 경제 상태를 고려해 효율적으로 자산을 관리할 수 있도록 돕는 일을 해요. 고객에게 적합한 금융 상품을 소개하고 주식이나 부동산 등 투자에 관한 정보를 제공하기도 하지요. 경제 분야는 워낙 변화가 심해 위험 요인이 언제든 나타날 수 있기 때문에 개인 자산 관리사는 경제의 흐름과 시장 변화에 늘 주의를 기울여야 해요. 수많은 정보 가운데 고객에게 도움이 되는 정보를 선별해 제공하려면 분석력과 판단력이 필요하지요. 대학에서 경영학이나 경제학 등을 전공한 경우가 많아요

## ✳ 부동산 펀드 매니저

부동산 펀드란 여러 투자자의 돈을 모아 부동산을 구입해 임대 수익을 얻거나 살 때보다 더 비싼 가격으로 되팔아 이익을 얻는 것, 또 부동산 개발 회사에 투자해 이익을 얻는 것을 말해요. 부동산 펀드 매니저는 부동산과 관련된 전문가들과 함께 투자 대상인 부동산에 대해 연구하지요. 부동산에 대한 직접 투자가 아니라 펀드의 방식으로 간접 투자하는 경우가 점차 늘어나면서 부동산 펀드 매니저의 역할은 계속해서 커질 것으로 예상돼요. 대학에서 부동산학을 전공하면 도움이 되며, 해외 부동산 투자도 활기를 띄고 있어 외국어 실력을 갖추면 좋아요.

## ✳ 증권 중개인

주식이나 채권, 파생 상품을 사거나 팔려는 고객을 대신해 그 일을 하는 사람을 증권 중개인이라고 해요. 증권 거래는 증권 회사를 통해서만 이루어지기 때문에 일반 투자자는 반드시 증권 중개인에게 거래를 부탁해야 하지요. 전문 분야에 따라 주식 중개인, 채권 중개인, 파생 상품 중개인으로 나뉘며 증권투자상담사 등의 자격증이 필요해요. 국내외 경제 흐름과

기업의 재무 상태를 정확히 파악하고, 새롭게 생겨나는 금융 상품에 대해 꾸준히 공부해야 하지요. 대학에서 경영학, 경제학, 회계학 등을 공부하면 도움이 된답니다.

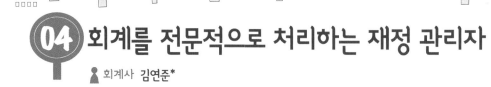

# 04 회계를 전문적으로 처리하는 재정 관리자

회계사 김연준*

## ★ 꼼꼼하고 분석적인 사고력을 키운다

회계사는 개인이나 기업의 재무 회계에 관한 전반적인 업무를 계획하거나
관리하는 일을 한다. 의뢰인의 경영 상태와 재무 상태를 감사하며,
소득세 보고서를 작성하고 세금에 관해 상담하는 등 세무 관련 일도
맡아 하는 회계사. 기업 경영의 투명성과 건전성은 이들이 있어 지켜지고 있다.
나도 회계사에 도전해 보면 어떨까?

일요일인 오늘도

회사에 출근해

책상 위에 빼곡히 쌓인 서류를

뒤적이고 있는

회계사 김연준 씨.


기업의 회계 감사 보고 기간인 요즘

그는 복잡한 수식이나 도표가 잔뜩 그려진

두꺼운 서류에 파묻혀 지내느라

눈코 뜰 새 없이 바쁘다.

**회계 감사:** 회계사가 특정 회사의 회계 서류에 재산 및 영업 상황이 사실대로 정확하게 기록되어 있는지 조사하는 일.

 회계사는 꼭 수학을 잘해야 할까요? - - - - - - - - - - - - - - - - - -

회계사로 일한 지 10년째인 김연준 씨는
개인이나 기업, 국가 기관 등
의뢰인의 요청에 따라
회계에 관한 전반적인 업무를
계획하고 관리하는 일을 한다.

**회계:** 개인이나 기업의 돈이 들어오고 나가는 내용을 일정한 방법으로 기록하고 관리하는 일.

또 세금과 관련된 각종 업무를 대신하며,
기업의 효율적인 경영에 필요한
재무 관리법을 상담하기도 한다.

**재무 관리:** 기업이 필요로 하는 돈을 효율적으로 끌어오고 그것을 잘 활용하도록 하는 일.

기업은 법이 정하고 있는 원칙에 따라
투자자가 기업의 재무 상태와
경영 활동의 성과를 평가하는 데 필요한
회계 감사 보고서를
매년 공개해야 한다.

회계사는
바로 그 보고서를 작성하는 사람으로,
기업의 회계 담당자가 작성한 회계 서류가
내용에 오류는 없는지
또 사실 그대로 작성되었는지
조직 밖의 감시자가 되어
꼼꼼하게 검토해야 한다.

재무 관리 계획

감사 보고 기간 외에도
김연준 씨가 바쁘게 지내는 시기는
기업이 납세 신고를 할 때다.

**납세 신고:** 납부해야 할 세금을
납세자 스스로 신고해 확정하는 일.

직장인이라면 누구나
1년에 한 번씩 연말 정산을 하듯이
기업도 이와 비슷하게 납세 신고를 해야 한다.

**연말 정산:** 1년 동안의 소득세에
대해 연말에 넘거나 모자란 액수를
정산하는 일.

규모가 큰 기업의 경우
세무 관련 일이 매우 복잡하기 때문에

회계사는 기업을 대신해
납세 신고서를 작성하고,
세금과 관련된 각종 문제가 발생하면
기업을 도와 이를 해결한다.

**세무:** 국가가 세금을 매기고
거두어들이는 것에 관한 일.

결국

회계사가 하는 일은

한 기업의 경영 상태나
성과에 대한 신뢰성을 부여해

투자자나 금융 기관 등

회계 정보 이용자를 보호하고

국내외 투자자의 자본 투자를 촉진하는 것이다.


또 이윤 추구를 목적으로 하는 기업이

국가에 제출해야 할 납세 신고서 등을

공정하게 작성함으로써

기업 재정의 투명성을
확보해 주는 것이다.

★★
★ **재정:** 개인이나 기업 등의
경제 상태.

어릴 때부터 수학을 좋아하고
분석력이 뛰어나다는 칭찬을
자주 들었던 김연준 씨는
대학에서 경영학을 전공하면서
회계사 시험을 준비했다.

시험을 치루는 데
어려움도 있었지만
쉽게 포기하지 않고
만반의 준비를 거듭한 끝에
결국 회계사 시험을 모두 통과했다.

회계사가 되기 위해서는
금융감독원에서 시행하는
공인 회계사 시험에 합격한 후
공인회계사회나 금융감독원 등의 기관에서
실제 업무를 익혀야 하고
회계 연수원에서 연수도 받아야 한다.


2007년부터 '학점 이수 제도'가 실시되면서
법이 정하고 있는 과목을 반드시 공부해야
회계사 시험을 볼 수 있다.

**학점 이수 제도:** 대학이나 전문 교육 기관에서
경영학, 경제학, 회계학이나 세무 관련 과목의
정해진 학점을 이수해야 회계사 시험을
볼 수 있도록 한 제도.

회계사는 김연준 씨의 경우처럼
회계 전문 회사에서 일할 수도 있고,
다른 회사원과 마찬가지로
일반 기업체에서 근무할 수도 있다.
또 회계사 사무실을 개업해
독립적으로 활동할 수도 있다.

기업의 규모가 점점 커지고
외국과의 교류도 늘어나면서
회계 및 세무 기준이 까다로워져
기업은 회계 업무를 수행할 전문 인력을
더 많이 필요로 하게 되었다.

밤 9시가 되어서야
김연준 씨는 회계 감사를 위한
자료 검토를 모두 마칠 수 있었다.

숫자와 씨름하느라 고된 하루를 보냈지만
공정한 회계 감시자가 되어야 하는
자신의 일에 만족과 보람을 느끼는
그의 얼굴에 미소가 피어올랐다.

### 회계 감사에 대해 알아볼까요?

기업의 회계 담당자가 작성한 회계 기록을 그 기업과 특별한 관계가 없는 제3자가 면밀히 검토하고 조사하는 것을 회계 감사라고 해요. 이 일을 하는 사람이 바로 회계사지요. 기업이 경영에 필요한 자금을 투자받기 위해서는 경영 성과와 재무 상태를 공개해야 하는데, 만약 기업이 잘못된 정보를 제공한다면, 그 정보를 믿은 투자자가 경제적 손해를 보아 문제가 될 수 있지요. 이러한 일을 방지하기 위해 회계 감사가 이루어지는 거예요. 회계사는 기업의 회계 서류가 거짓이나 오류 없이 정확하게 작성되었는지 공정하게 감사한 후 회계 감사 보고서를 작성해요. 이렇게 작성된 보고서는 투자자에게 기업 경영에 관한 정확한 정보를 전달하는 자료로 사용된답니다.

### 회계사가 되고 싶다고요?

기업이나 개인의 재정을 관리하는 회계사는 기업 회계를 감사하고 세무 관련 일을 처리하며 경영 전략이나 회계 시스템, 자금 처리 등에 관해 상

담하는 일을 해요. 이 가운데 가장 주된 업무는 회계 감사로, 공정한 감시자 역할을 해야 하는 회계사에게는 무엇보다 정직성이 필요하지요. 늘 정확한 계산

을 해 내야 하기 때문에 성격이 꼼꼼한 사람에게 잘 맞아요. 대학에서 경영학, 경제학, 회계학 등을 전공한 경우가 많으며 1, 2차로 이루어진 공인회계사 시험에 합격한 후 연수 과정을 마치면 회계사로 활동할 수 있어요. 회계사 사무실을 개업해 활동하거나 회계 전문 회사, 일반 기업의 회계 관련 부서, 국가 기관 등에서 일해요.

## 회계사와 비슷한 직업이 궁금하다고요?

### ✳ 세무사

한 나라의 국민은 국가와 공공 기관의 운영에 필요한 조세를 납부할 의무를 가지고 있어요. 조세는 국세와 지방세로 나뉘는데, 국세는 나라에서 거두어들이는 세금, 지방세는 지방 자치 단체에서 거두어들이는 세금을 말해요. 조세 전문가인 세무사는 세금과 관련된 각종 업무를 처리하는 사람이에요. 납세자의 부탁을 받아 세무에 관한 각종 서류를 작성하고, 조세에 관해 상담하지요. 회계사도 세무사와 마찬가지로 세금과 관련된 일을 맡아 하지만, 회계사에게는 기업 회계를 감시하는 일이 더 큰 비중을 차지하고 있답니다.

### ✳ 원가 관리 사무원

합리직으로 기업을 경영하려면 원가 관리가 중요해요. 원가는 상품을 만들어 유통하기까지의 총 비용을 고려해 정해져요. 원가 관리 사무원은 과거 자료를 바탕으로 원가 산정의 기준이 되는 표준 원가를 정하고, 실제 원가를 그것과 비교해 원가 관리의 문제점을 찾아내는 일을 해요. 발견한 문제점을 어떻게 해결해 원가를 줄일 것인지 연구하는 것도 원가 관리 사무원이 해야 할 일이랍니다.

# 2부

# 안전하고 건강한 삶으로
# 이끄는 직업

# 05 법과 정의의 수호자

👤 판사 **천종호**

★ 남의 입장에서도 생각해 보는 연습을 한다

판사는 법률에 따라 임명되어 분쟁이나 이해의 대립을
법률적으로 판단하고 해결하는 사람이다.
우리 사회의 정의를 구현하는 판사.
이 직업을 가지려면 어떤 마음 자세가 필요할까?

2010년부터

소년 재판을 담당하면서

보호 처분을 받은 소년범을 교화하는 데

온 힘을 쏟고 있는 판사가 있다.

**보호 처분:** 죄를 지었거나 그럴 가능성이 있는 청소년을 개인이나 단체에 맡겨 살피고 보호하게 하는 일.

**교화하다:** 가르치고 이끌어서 좋은 방향으로 나아가게 하다.

이 판사는

가정이 해체되어

부모의 보살핌을 받지 못하는 아이를

보호하고 양육하는 '청소년 회복 센터'를 운영하고,

학교를 벗어난 아이에게

배움의 기회를 주는 '법원 분교' 제도를 도입해

비행 청소년이 또다시 범죄를

일으키지 않도록 하는 데 크게 기여했다.

**법원 분교:** 일종의 대안 학교로, 보호 처분을 받은 청소년이 이곳에서 교육을 마치면 일반 고등학교 졸업 학력을 인정해 준다.

 비행 청소년 문제는 개인의 문제일까요, 사회의 문제일까요?

'비행 청소년의 아버지' 혹은
'호통 판사'라고 불리는
부산 가정 법원의 부장 판사
천종호.

그는 학교 폭력 등을 비롯해
저마다의 이유로 법정에 서게 된
10대 청소년의 가슴 아픈 이야기를
《아니야, 우리가 미안하다》와
《이 아이들에게도 아버지가 필요합니다》라는
두 권의 책으로 펴냈다.

천종호는 이 책들을 통해
청소년 범죄가 어떤 계기로 일어나는지
또 이 사회가 비행 청소년을
어떻게 보호해야 하는지를
한 사람의 아버지로서,
그리고 이 사회의 어른으로서
많은 사람에게 알리고자 했다.

**역지사지:** 서로 입장을
바꾸어 생각하다.

"세상에는 역지사지하는 마음만 가지고도
해결할 수 있는 일이 많다."

63

판사는
국가가 정한 법률을 바탕으로
선악을 판단하고 시비를 가린다.
잘못을 저지른 사람에게 죄를 묻고
그에 알맞은 처벌을 내림으로써
한 사회의 정의를 구현하고 수호한다.

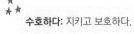

**구현하다:** 어떤 내용을 구체적인 사실로 나타나게 하다.

**수호하다:** 지키고 보호하다.

그렇기에
뛰어난 판단력과
철저한 정의감을 가지고
엄정하게
자신의 임무를 완수해야 한다.

천종호는 판사로서
자신의 책임을 다하는 데 필요한
이성적인 냉철함만이 아니라

**연민:** 불쌍하고 가련하게 여김.

악행을 저지른 소년범에 대한
인간적인 사랑과 연민의 감정도
가지고 있었다.

그는 어린 10대 청소년이
깊은 마음의 상처를 이겨 낼 방법을 몰라
브레이크가 고장 난 자동차처럼
앞만 보고 질주하는 모습에 가슴 아팠다.

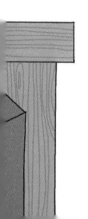

천종호는 보호받아야 할 어린 청소년을
오히려 더 큰 궁지로 내몰고 있는
이 사회의 편견과 잘못된 태도를
날카롭게 지적하면서
자신 역시 이 사회의 어른으로서
무거운 책임감과 미안함을 느낀다고
자신의 책에서 고백했다.

**궁지:** 매우 곤란하고 어려운 일을 당한 처지.

"오히려 우리가 미안하다.
외로운 네가 방황할 때
따뜻한 말 한마디 건네지 않은 우리가,
어린 네가 죽고 싶을 만큼 힘들어할 때
손 내밀어 주지 못한 우리가,
너에게 좋은 환경을 만들어 주지 못한 우리가……"

그는 비행 청소년 문제를
이 사회와 가정, 어른의 문제와
분리할 수 없다고 생각했다.

'호통 판사' 천종호의 호통은
비행 청소년을 향한 것이 아니라
그들을 사랑의 마음으로 보듬어
올바른 길로 이끌지 못한
이 사회와 어른을 향한 것이었다.

판사 천종호는

비행 청소년이나 소년범에게는

비단 생물학적인 의미에서의

아버지만이 아니라

그들에게 든든한 울타리가 되어 주고

올바르게 이끌어 줄 사회적인 아버지가

필요하다고 힘주어 말했다.

"법정에서 청소년의 처지를 이해해 주고
그들의 숨은 가능성을 알아봐 주는 일은
혹독한 겨울을 녹이는
한 줄기 봄 햇살과도 같다."

비행 청소년과 소년범에게서
그가 여전히 희망의 끈을
놓지 않는 이유다.

## 로스쿨에 대해 알아볼까요?

검사나 변호사, 판사 등 법조인을 길러 내기 위해 만들어진 법학 전문 대학원을 말해요. 총 3년 과정으로, 4년제 대학에서 법학뿐 아니라 그 외의 다양한 전공을 한 사람 모두에게 입학 자격이 주어지지요. 미국에서 처음 시작된 로스쿨 제도는 2009년 우리나라에 도입되었으며, 실무 위주의 교육을 실시하고 있어요. 로스쿨에 입학하기 위해서는 학점, 토익이나 토플 등 영어 시험 성적 외에도 법조인으로서 갖춰야 할 지식과 잠재적 능력을 평가하는 법학 적성 시험(LEET) 점수 등이 필요해요.

## 판사가 되고 싶다고요?

개인과 개인의 법적 다툼인 민사 소송과 무거운 범죄 사건을 다루는 형사 소송에서 판결을 내리는 사람이 바로 판사예요. 법정에서 판사가 내리는 결정에 따라 재판 당사자들의 희비가 엇갈릴 뿐 아니라, 한 사람의 인생에 커다란 변화가 생길 수도 있기 때문에 특히 책임감이 요구되는 직업이지요. 2017년 사법 시험이 폐지될 경우, 판사가 되기 위해서는 로스쿨을 졸업해야 해요. 물론 로스쿨을 졸업한다고 해서 바로 판사가 될 수 있는 것은 아니며, 검사나 변호사로 일정 기간 활동해야 판사 시험에 응

시할 자격이 주어진답니다.

## 법과 관련된 직업이 궁금하다고요?

\* 노무사

노동자와 고용주 사이에서는 크고 작은 분쟁이 일어나곤 하지요. 노무사는 노동에 관한 법률 지식을 바탕으로 이러한 분쟁을 조정하고, 노동자와 고용주의 권리를 보호하는 일을 해요. 노무사가 되려면 노무사 시험에 합격해야 하며, 대학에서 법학이나 경영학, 경제학 등을 전공하면 도움이 돼요. 사무실을 개업하거나 기업, 공공 기관 등에서 일해요.

\* 법무사

법무사는 사람들이 법적 분쟁에 휘말렸을 때 관련 법률에 관해 조언하고, 각종 서류 작성을 비롯한 소송 업무를 대신해 주는 일을 해요. 변호사와 달리 재판에 직접 참여할 수는 없지요. 법무사 시험에 합격해야 법무사로 활동할 수 있으며, 대학에서 법학을 전공하거나 헌법재판소를 비롯한 법률 기관에서 일한 경험이 있으면 도움이 돼요.

\* 변리사

오랜 노력 끝에 개발한 새로운 기술이나 상품, 디자인 등을 누군가 함부로 사용한다면 그것을 개발한 사람은 경제적·심리적 상처를 받게 될 거예요. 이러한 일을 막을 수 있는 방법은 특허를 받는 거지요. 특허란 어떤 사람에게 특별한 권리를 주고 그것을 법률로 보호하는 것을 말해요. 변리사는 이와 같은 특허 등록과 관련된 업무를 처리하고, 특허에 관련된 소송을 진행하지요. 변리사가 되려면 변리사 시험에 합격해야 하며, 변호사 시험에 합격 후 변리사로 등록해도 변리사로 활동할 수 있답니다.

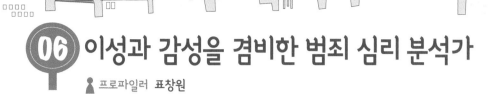

# 06 이성과 감성을 겸비한 범죄 심리 분석가

👤 프로파일러 **표창원**

★ 냉철한 판단력과 풍부한 감성을 기른다

프로파일러는 일반적인 수사 기법으로는 범인을 찾아내기 힘든
사건을 해결하기 위해, 범죄자의 복잡한 심리 상태와
행동 패턴 등을 전문적으로 분석하는 일을 한다.
나도 이런 일을 하는 프로파일러가 될 수 있을까?

가난한 집안 형편 때문에
마음속에 항상 사회에 대한 분노와
폭력성을 안고 살던
한 소년이 있었다.

평소 책 읽기를 좋아하던 소년이
우연히 만나게 된 한 권의 책이
그의 운명을 바꾸어 놓는 계기가 되었다.

그 책은 바로
영국의 추리 작가 코난 도일이 쓴
《셜록 홈즈 시리즈》.

 프로파일러도 밝혀내지 못할 완벽한 범죄가 가능할까요?

출입 금지-POLICE LINE-수사 중   출입 금지 P21

'범인이 왜 그렇게 생각하고
행동했는지 알 것 같아.
하지만 내가 그의 입장이라면
어떻게 했을까?'

마침내 소년은
자신의 분노와 폭력성을 표출하는
범죄자가 아니라
오히려 그 범죄자를 쫓는
경찰관이 되기로 결심한다.

경찰 대학을 졸업하고
셜록 홈즈의 나라 영국에서
박사 학위를 받은 뒤
우리나라 최초의 프로파일러가 된
표창원.

그는 경찰로 활동하는 동안
수많은 범죄 현장을 조사했고,
또 10년 넘게 경찰 대학 교수를 지내면서
범죄 심리와 행동학을 강의하기도 했다.

프로파일러는
연쇄 살인과 같은 특수 범죄를
해결하는 데 도움을 주는
범죄 심리 분석 전문가이다.

이들은 범죄심리학이나 행동과학을 바탕으로
사건 현장에 남아 있는
용의자의 흔적을
치밀하게 분석해
범죄를 입증하는 일을 한다.

**용의자:** 범죄를 저질렀는지 확실치
않지만 조사의 대상이 된 사람.

경찰에게 수사 요청을 받으면
사건 현장에 출동해
범죄자가 어떻게 범행을 준비했고
어떤 과정을 거쳐 범죄를 저질렀는지
또 시신은 어떻게 처리했는지 등
범죄 과정을 과학적으로 재구성해
용의자의 범행 동기와 특징을 알아낸다.

또 형사가 범인 검거에
어려움을 겪고 있을 때
용의자의 범위를 좁혀
수사가 쉽게 진행되도록 돕거나
수사할 만한 가치가 있는
목격자와 진술을 가려내는 역할도 한다.

현재 우리나라에는
이 같은 일을 하는 프로파일러가
40명 정도 있다.

**검거:** 수사 기관이 범죄 수사를 위해 용의자를 일시적으로 잡아 두는 일.

프로파일러로서 표창원의 능력은
피의자의 자백을 이끌어 내는 단계에서
가장 빛을 발한다.

**피의자:** 범죄 사실이 인정되었으나
아직 재판을 받지 않은 사람.

**자백:** 자기가 저지른
죄를 스스로 고백하다.

그는 범인의 굳게 닫힌
마음의 벽을 무너뜨리는
심리전의 달인이기 때문이다.

**심리전:** 군사적 행위 없이 심리적인
자극이나 압박을 통해 자기 나라에
유리한 결과를 이끌어 내는 전쟁에서
유래한 말.

프로파일러에게는
냉철한 이성과
타인의 감정을 읽을 수 있는
풍부한 감성이 동시에 요구된다.

범죄 상황을 파악할 때는
냉철하고 객관적으로 판단해야 하지만,
범인의 행동을 예상하고
심리를 파악하기 위해서는
스스로 범인의 입장이 되어야 한다.

**감식하다:** 핏자국이나 지문 등을
과학적으로 조사하고 분석하다.

프로파일러는 끔찍한 범죄 현장을
감식하는 일에도 참여해야 하기 때문에
체력은 물론이고
강인한 정신력까지 갖춰야 한다.

흉악하고 잔혹한 범죄에
맞서야 하는 프로파일러.

어린 시절 경찰관을 꿈꿨던 표창원은
이제 프로파일러가 필요 없는 세상이 오기를
또다시 꿈꾸고 있다.

## 과학 수사에 대해 알아볼까요?

범죄 사건을 해결하는 데 과학적 지식과 기술을 활용하는 것을 과학 수사라고 해요. 범죄 현장에서 발견된 증거를 분석하고 범인을 찾아내는 데 생물학, 의학, 기상학, 토양학, 심리학, 사회학, 통계학 등 다양한 분야의 지식이 총동원되지요. 지문이나 글씨의 모양, DNA를 조사하고 거짓말 탐지기를 사용하기도 한답니다.

## 프로파일러가 되고 싶다고요?

강력 범죄 사건에서 과학적·심리적 분석을 통해 범인을 찾아내는 사람을 프로파일러라고 해요. 특별한 범행 동기를 찾을 수 없는 이상 범죄나 증거를 남기지 않는 지능 범죄가 늘어나면서 범죄 분석에 관해 전문 능력을 갖춘 프로파일러의 역할이 점차 커지고 있어요. 프로파일러는 경찰 공무원으로, 경찰청 과학수사센터나 국립과학수사연구원 등에 소속되어 활동하지요. 정해진 시간 없이 잔혹한 범죄 현장에 언제든 출동해야 하기 때문에 육체적·정신적으로 매우 힘든 직업이에요. 따라서 자신의 일에 대한 사명감과 책임감이 강한 사람에게 적합하지요. 프로파일러가 되기 위해서는 심리학이나 사회학 석사 이상의 학위를 갖고 있는 것이 유리하며, 냉철한 분석력과 인간에 대한 이해, 상담 능력 등이 필요하답니다.

## 범죄 수사와 관련된 직업이 궁금하다고요?

### ✽ 검찰 수사관

강력한 범죄 사건을 수사하고 형사 소송을 진행하는 사람이 검사예요. 검사는 워낙 많은 일을 처리해야 하기 때문에 검찰 수사관의 도움을 받아야만 하지요. 이들은 수사에 필요한 각종 서류를 작성하고 범죄 증거를 수집해요. 검찰 수사관이 되는 방법은 검찰 사무직 공무원 시험에 합격하는 거예요. 고졸 이상이면 응시할 수 있으며, 대학에서 법학 등을 전공하면 도움이 돼요.

### ✽ 사이버 범죄 수사관

특정 사이트를 해킹하거나 개인 정보를 빼내고 악성 프로그램을 퍼트리는 등 인터넷 상에서 벌어지는 각종 범죄를 수사하는 일을 해요. 사이버 범죄자는 컴퓨터에 매우 능숙한 사람이기 때문에 이를 수사하는 사이버 범죄 수사관 역시 무엇보다 컴퓨터 실력이 뛰어나야 하지요. 컴퓨터 관련 자격증이 있으면 도움이 되며, 수사관인 만큼 법률 지식을 갖추면 좋아요.

### ✽ 화재 감식 전문가

화재 사고가 발생했을 때 그것이 단순한 화재인지, 누군가 의도적으로 불을 지른 범죄인지 밝혀내는 일을 해요. 소방관과 함께 활동하는 화재 감식 전문가는 화재 현장에서 찾은 증거와 목격자의 진술을 종합해 화재의 원인을 분석하지요. 화재 감식 전문가는 매우 전문적인 직업으로, 경찰관이나 소방 공무원 시험에 합격 후 해당 분야에서 일정 기간 경력을 쌓아야지만 도전할 수 있어요.

# 07 비행길을 안내하는 하늘 길잡이

항공 관제사 **박성훈\***

★ 책임감을 키우고 외국어 실력을 쌓는다

항공 관제사는 항공기의 이착륙을 지시하거나 이동을 통제해
항공기의 안전을 확보하는 일을 한다. 하늘이 아닌 땅에서
항공기를 조종하면서 하늘길을 안내하는 항공 관제사.
이 일을 하려면 어떤 능력이 필요할까?

우리 모두는

끝없이 펼쳐진 드넓고 푸른 하늘을

마음껏 날아 보고 싶은

'이카로스의 꿈'을 꾼다.

**이카로스:** 밀랍으로 만든 날개를 달고 태양을 향해 날아가려고 했던 그리스 신화 속의 인물.

하지만 마냥 자유로울 것 같은

하늘 공간에도 따라야 할

비행 규칙과 법이 있다는

놀라운 사실.

생각해 보기 항공 관제사가 없다면 공항에서 어떤 일이 벌어질까요?

항공기의 이착륙을 지시하고
조종사에게 날씨나 항법에 관한
각종 정보를 제공함으로써
안전한 비행을 지원하고 감독하는
항공 관제사.

**항법:** 비행기가 안전하게
이동하는 방법이나 기술.

공항의 가장 높은 곳인 관제탑에서 일하면서
레이더 모니터와 무전기, 기타 통신 장비를
사용해 자신이 맡고 있는 관제 공역 안의
하늘길을 안내하는 길잡이 역할을 한다.

**관제 공역:** 항공기의 교통 안전을
위해 비행 순서와 시기, 방법 등이
정해져 있는 하늘 공간.

박성훈 씨는
항공 교통 전문 교육 기관에서 공부를 마친 뒤
국가에서 시행하는 자격 시험에 합격해
항공 관제사가 되었다.

직접 하늘을 나는 것은 아니지만
땅에서 항공기를 조종하는 셈인 그는
비행기가 자신의 안내를 받으면서
자유롭게 하늘을 나는 모습을 보면
성취감과 동시에 해방감을 느낀다고 한다.

항공기의 비행 상황을 시시각각 감시하면서
비행을 늦추거나 취소시키고
다른 경로를 알려 주기도 하는
항공 관제사에게는
책임감과 리더십이 요구된다.

관제사가 하는 모든 일이
항공기에 타고 있는 승객의 생명과
직결되기 때문이다.

ABC AIR

이외에도 항공 관제사는
급박한 위기 상황에
현명하게 대처할 수 있는
정확한 판단력과 순발력을
갖춰야 한다.

심한 폭우로
공항이 매우 분주하니
30분간 선회하시기
바랍니다.

또 관제사는 무선 통신을 이용해
외국인 조종사와 소통하는 경우가 많아
공인 영어 시험을 통해
영어 실력을 인정받아야 한다.

신호등이나 교통경찰이
도로 위의 교통 체증을 관리하고
교통사고를 방지하듯,
항공 교통의 흐름과 안전을 관리하는
항공 관제사는 참 매력적인 직업이다.

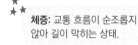

**체증:** 교통 흐름이 순조롭지
않아 길이 막히는 상태.

## 항공 관제사가 되고 싶다고요?

 공항의 관제탑에서 항공기의 이착륙을 지시하고 날씨 변화나 공항 사정 등을 고려해 운항을 통제하는 사람을 항공 관제사라고 해요. 많은 사람의 생명이 걸린 항공 교통을 관리해야 하기 때문에 매우 까다로운 절차를 거쳐야 항공 관제사가 될 수 있어요. 우선, 한국항공대학교와 한서대학교에서 항공 관련 학과를 전공하거나 항공교통관제교육원을 비롯한 전문 교육 기관에서 공부해야 항공 관제사 시험을 볼 수 있어요. 합격한 뒤에는 항공 영어 구술 능력 증명 시험을 봐야 해요. 외국인 조종사와 통신을 주고받는 일이 많아 영어 실력을 반드시 갖춰야 하거든요. 마지막으로 기술직 공무원 시험을 봐야 하지요. 공무원이 아닌 경우도 더러 있지만, 항공 관제사는 대부분 국가 공무원이랍니다.

## 항공과 관련된 직업이 궁금하다고요?

＊ 공항 검역관

공항 검역관은 해외에서 전염병을 일으키는 병원균이나 해충이 들어오는 것을 막기 위해 사람이나 동식물, 항공기를 살피고 조사하는 일을 해요. 우리나라로 들여오는 것이 금지된 물품은 압류해 폐기하고, 몸에 이상이 있는 입국 승객에게 각종 검사를 실시하기도 해요.

★ 출입국 심사관

공항 출입국 심사대에서 여권을 확인하고 여행 목적이나 여행지에서 머물 곳 등을 묻기도 하면서 출입국을 허가해 주는 일을 해요. 테러, 마약 범죄의 증가로 출입국 심사관의 역할은 점점 더 중요해지고 있지요. 출입국 관리직 공무원 시험에 합격해야 출입국 심사관이 될 수 있으며, 외국인을 상대하는 일이 많기 때문에 외국어 실력을 갖추면 좋아요.

★ 항공권 예약 발권 사무원

여행사나 항공사에서 여행을 하려는 고객의 항공권을 예약하고 발권하는 일을 해요. 항공사의 경우 전문 대학 졸업 이상의 학력을 가진 사람으로 자격을 제한하고 있지요. 항공권 예약 발권 사무원은 고객이 원하는 조건의 항공권을 빠르고 정확하게 파악할 수 있어야 하며, 외국인 고객을 상대하려면 뛰어난 외국어 실력도 갖춰야 해요. 다른 사무직과 마찬가지로 업무 시간이 정해져 있지만, 여름 휴가철을 비롯한 여행 시즌에는 주말에도 쉬지 못하고 바쁘게 일하는 경우가 많아요. 전문 교육 기관에서 항공 예약 시스템을 공부하면 취업하는 데 도움이 된답니다.

★ 항공기 조종사

파일럿이라 불리는 항공기 조종사는 많은 사람을 태운 항공기를 안전하게 조종하는 일을 해요. 승객의 생명을 책임져야 하기 때문에 강인한 체력과 순발력, 위기 대처 능력을 갖춰야 하지요. 또 외국인 항공 관제사와 의사소통할 수 있는 영어 실력도 필요해요. 항공기 조종사가 되려면 군 조종사로 공군에서 일정 기간 복무한 후 항공사에 취업하거나 항공사에서 뽑는 조종 훈련생에 선발되어야 한답니다.

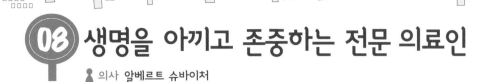

# 08 생명을 아끼고 존중하는 전문 의료인

👤 의사 **알베르트 슈바이처**

★ 생명의 가치를 소중히 여긴다

사람의 생명을 다루는 의사는 환자의 상처와 고통을 어루만지고
치유하는 생명의 수호자이다. 생명을 아끼고 존중하는
의사가 되려면 어떤 자질을 가져야 할까?

1880년대 중반 독일의 한 시골 마을,
반유대주의자에게
입에 담기조차 힘든 욕설을 들으면서도
상대를 미워하는 기색이 전혀 없는
한 유대인 노인을
물끄러미 지켜보는 소년이 있었다.

**반유대주의자:** 유대인을 따돌리거나
거부하려는 사상을 갖고 있는 사람.

'아, 용서만이 악을 굴복시키고
갈등을 극복하는 길이구나!'

이 장면을 잊을 수 없었던 소년은
훗날 자신과는 다른 사상도 존중하고
너그러운 마음으로 남을 용서하는
철저한 평화주의자가 되었다.

 나를 조롱하거나 모욕하는 상대를 어떻게 대했나요?

이 소년은 바로
1952년 인류의 형제애를 발전시키는 데
기여한 공로로 노벨 평화상을 수상한
독일 출신의 프랑스 국적을 가진 의사
알베르트 슈바이처.

경외: 공경하면서 두려워함.

슈바이처는 '생명에 대한 경외'라는
자신의 고유한 철학을 평생에 걸쳐 실천한
철학자이자 음악가였다.
또 기독교 신학자이자 루터교 목사이기도 했다.

'서른 살까지는
학문과 예술 속에서 살고,
그 후에는 인류를 위해
봉사하며 살아가자.'

그는 스물한 살 때 세운
자신의 목표를 실현하기 위해
서른 살이 되던 해인 1905년에
의학을 공부하러 다시 대학에 진학했다.
이미 철학 박사와 신학 박사 학위를 받은 뒤였다.

1913년, 슈바이처는 의사가 없어
제대로 치료받지 못하는 아프리카 사람들을 위한
의료 사업에 평생을 바치기로 결심하고
아내와 함께 적도 아프리카의
랑바레네에서 의료 봉사를 시작했다.

**적도 아프리카:** 현재의 가봉 공화국.

의사는
의료에 관한 전문 지식을 바탕으로
질병과 장애, 상처로 고통받는 이들이
건강을 회복할 수 있도록
치료하는 사람이다.

무엇보다 생명의 소중함을 알아야 하며
우리의 몸과 정신에 대한 탐구심은 물론,
혹독한 교육 과정을 견뎌 낼 수 있는
인내심과 끈기가 반드시 필요하다.

슈바이처는 선교사가 사용했던 낡은 닭장을
수리해 병원 건물로 쓰면서
외부의 어떤 도움도 빌리지 않고
저술과 강연, 연주, 레코드 판매 수입으로
병원을 운영했다.

그는 2차 세계대전 중에도
유럽으로 돌아가지 않고 진료에 전념하는 등
위대한 사랑을 실천하면서 '흑인의 아버지'이자
'원시림의 성자'로 살았다.

슈바이처의 이 같은 숭고한 삶을
고스란히 보여주는 일화가 있다.


80세를 바라보는 나이에
노벨상을 받게 된 슈바이처.
시상식에 참석하러
기차에 오른 그를 취재하기 위해
전 세계 기자가 몰려들었다.


하지만
특등 칸과 1, 2등 칸 어디에서도
슈바이처를 찾을 수 없었다.
마침내 기자 한 명이 3등 칸에서
사람들을 진찰하고 있는 그를 발견하고서
왜 3등 칸에 탔는지 물었다.

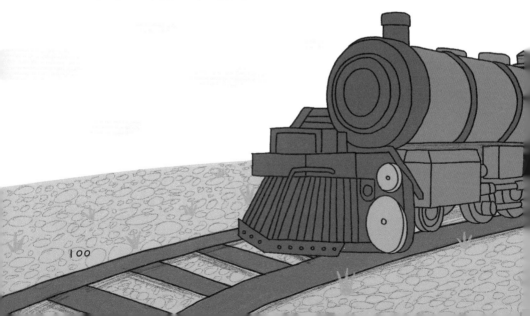

"저는 편안한 곳을
찾아다니는 게 아니라
저의 도움을 필요로 하는 곳을
찾아다닙니다.
특등 칸의 사람들은
저를 필요로 하지 않아요."

슈바이처는
훌륭한 의사였을 뿐만 아니라
모든 인류가 평화를 누릴 때까지
자신의 평화를 양보한
진정한 평화주의자였다.

## 의사가 되고 싶다고요?

의사는 전문 의학 지식과 기술을 이용해 환자를 치료해요. 사람의 생명을 다루기 때문에 무엇보다 생명의 소중함을 잘 알아야 하며, 의사로서 직업 의식 또한 투철해야 하지요. 의사가 되려면 꽤 오랜 시간이 걸리는데 의과 대학에서 의예과 2년, 의학과 4년 이렇게 총 6년을 공부하고, 의사 면허 시험에 합격하면 의사가 될 수 있어요. 또 인턴, 레지던트 과정을 모두 거치고 전문의 시험에 합격하면 내과, 소아과, 피부과와 같은 전문 진료 분야를 갖는 전문의가 될 수 있답니다. 대학에서 일반 학과를 졸업한 경우라도 의학 전문 대학원에서 석사 학위를 받으면 시험을 통해 의사 면허를 받을 수 있어요. 의사는 직접 병원을 개업하거나 종합 병원, 연구소, 제약 회사 등에서 직업 의사로 일할 수 있답니다.

## 의료와 관련된 직업이 궁금하다고요?

＊간호사

간호사는 전문 간호 기술을 바탕으로 의사의 진료를 돕고 환자를 돌보는 사람이에요. 몸이 아픈 환자를 배려하는 마음과 긴박한 응급 상황에 대처

할 수 있는 순발력과 차분함이 필요하지요. 간호사가 되려면 간호 전문 대학을 나오거나 일반 대학에서 간호학을 전공하고 시험을 통해 간호사 면허를 받아야 해요. 간호사는 일반 병원뿐만 아니라 보건소, 산업체 등에서도 일한답니다.

### ✱ 물리 치료사

열, 전기 자극, 마사지 등으로 몸의 움직임이 불편하거나 통증을 느끼는 환자를 치료해요. 물리 치료사가 되려면 물리 치료 전문 대학을 졸업하거나 일반 대학에서 물리치료학을 전공한 뒤 물리 치료사 면허를 받아야 하지요. 재활 병원이나 노인 및 장애인 복지 시설 등에서 일해요.

### ✱ 응급 구조원

교통사고나 건물 붕괴, 화재 등 각종 사건 사고 현장에 출동해 부상당한 사람을 구조하고 응급 처치를 해요. 응급 구조원은 대부분 2교대나 3교대로 일하면서 사람의 생명이 걸린 긴박한 현장에 출동해야 하기 때문에 육체적·정신적으로 어려움을 겪는 경우가 많아요. 따라서 자신의 일에 대한 사명감이 꼭 뒷받침되어야 한답니다.

### ✱ 한의사

한방 의학의 원리로 환자의 질병과 장애를 치료하는 사람을 한의사라고 해요. 주로 한약이나 침, 뜸 등을 이용하지요. 항생제를 비롯한 약물로 사람의 몸에 침입한 병원균을 없애기보다는 다소 시간이 걸리더라도 우리 몸의 저항력을 길러 질병을 이겨 낼 수 있도록 한답니다. 한의사가 되려면 대학에서 한의학을 전공한 뒤 한의사 면허를 받아야 해요. 일반 학과를 전공했더라도 한의학 전문 대학원에서 석사 학위를 받으면 한의사 시험에 응시할 수 있어요.

# 09 건강을 책임지는 영양 관리사

👤 영양사 김나은*

★ 영양과 건강에 대해 공부한다

영양사는 개인이나 단체 및 지역 사회를 대상으로
질병 예방과 건강 증진을 위해 급식을 관리하거나 올바른
식생활을 교육함으로써 국민의 건강과 생명을 지킨다.
영양사가 되기 위해서는 어떤 노력을 기울여야 할까?

주말이면 전국의 맛집을 찾아
'맛 기행'을 떠나는 사람들.
각종 요리 프로그램에서 활약하는
유명 요리사가 선망의 대상이 되는 시대.


어떻게 하면 더 많은 사람이
맛도 좋고 영양도 풍부해서
행복과 건강을 동시에 얻을 수 있는
음식을 먹을 수 있을까?

 건강에 좋은 음식은 어떤 음식일까요?

이번 주 과제는 '직업 탐방'.
민철이는 옆집에 사는 나은이 누나를 만나
영양사가 하는 일을 제대로 알아보기로 했다.

구청에서 운영하는 사회 복지 시설에서
영양사로 일하는 나은이 누나.

누나는
자신이 관리하고 있는 급식으로
건강하게 살아가는
사람들의 모습을 보면
영양사로서의 일에
기쁨과 자부심을 느낀다고 했다.

영양사는

학교, 병원, 산업체, 복지 시설에서

급식 대상자의 연령이나 성별,

식습관 등을 고려해

균형 잡힌 식단을 계획할 뿐만 아니라

조리가 깨끗한 환경에서 이루어지는지 감독하는

급식 관리와 보건 위생의 전문가이다.

대학에서
식품영양학을 전공한 나은이 누나는
영양사 국가 시험에 합격해
영양사 면허증을 받았다.

누나가 근무하는 사회 복지 시설에서는
어려운 생활 환경에서 살아가는 급식 대상자가
적절한 영양 공급을 통해
일상적인 사회생활을 해 나갈 수 있도록
주로 식습관 및 식생활을 지도한다.

병원이나 요양 시설에서 활동하는 영양사는
건강 회복이 중요한 환자와
그 가족을 대상으로
식사 요법과 영양에 관한 상담까지도 담당한다.


또 보건소에서
주민의 질병 예방과 건강 증진을 위해 일하는 영양사는
영양 교육을 위한 홍보 자료를 개발하는 등
주로 식생활 개선을 장려하는 데 힘쓴다.

2003년, 우리나라에서는 학생들에게
좋은 품질의 영양 서비스를 제공하기 위해
'영양 교사 제도'를 도입했다.

영양 교사는
4년제 대학에서 교직 과정을 이수하거나
교육 대학원에서 교원 자격증을 취득한 후
교사 임용 고시를 통과해야 한다는 점에서
일반적인 영양사와는 차별성을 갖는다.

서구화된 식생활 습관으로 인한 질병의 증가,

육체적·정신적 건강을 추구하는 '웰빙'의 유행,

그리고 예방 의학의 중요성이 강조되면서

영양사의 역할은 갈수록 중요해지고 있다.

**예방 의학:** 질병 예방을 위해
건강 증진과 생활 환경 개선 방안에
중점을 두고 연구하는 의학.

민철이는 이번 과제를 통해

과학적으로 식생활을 지도를 하는 영양사 덕분에

우리가 맛도 좋고 영양도 듬뿍 담긴 음식을

맘껏 먹을 수 있다는 사실을 알게 되었다.

그리고 다짐했다.

'내일부터는 점심 급식 시간에

음식을 가리지 말고 남김없이 먹어야지!'

111

### 영양 교사에 대해 알아볼까요?

영양 교사는 각급 학교에서 보통의 영양사가 하는 역할을 수행하는 한편, 학생과 학부모를 상대로 영양 상담을 하고, 학생들에게 식습관 및 식사 예절을 교육해요. 또 각종 영양 교육 프로그램을 개발하지요. 공무원인 영양 교사가 되려면 우선 영양 교사 2급 자격이 있어야 하는데, 이 자격을 얻으려면 4년제 대학에서 식품영양학 등을 전공하면서 교직 과목을 이수하거나, 졸업 후 교육 대학원에 진학해 영양 교육 석사 학위를 받아야 해요. 두 경우 모두 영양사 자격증까지 있어야 하는 것은 물론이지요. 이렇게 영양 교사 2급 자격을 갖춘 후 교사 임용 시험에 합격하면 비로소 영양 교사로 활동할 수 있답니다.

### 영양사가 되고 싶다고요?

영양을 골고루 섭취할 수 있도록 식단을 짜고, 식중독을 비롯한 각종 질병을 예방하기 위해 위생 환경을 관리하는 일을 해요. 음식을 먹는 사람들이 어떤 음식을 좋아하는지, 어떤 조리법을 사용하면 영양도 살리면서 더 맛있는 음식을 만들 수 있는지에 대해서도 연구하지요. 급식의 총 관리자인 영양사에게는 리더십과 위기 관리 능력이 필요하며, 여러 사람과 함께 일하는 만큼 대인 관계가 원만하고 활달한 성격이면 좋아요. 영양사가 되려면 대학에서 식품영양학 등을 전공하고 현장 실습을 거쳐 영양사 시험에 합격해야 한답니다. 영양사는 학교나 병원, 보건소, 사회 복지 기관, 식품 연구소, 산업체 등 다양한 곳에서 일해요.

## 식품·영양과 관련된 직업이 궁금하다고요?

### ✶ 식품 연구원

새로운 식품을 기획하고 개발하는 일을 해요. 식품의 영양과 맛 등을 고려해 재료 및 조리법을 연구하지요. 제품이 출시된 후 소비자의 반응과 생산의 안전성 등을 검토해 다음 식품 개발에 반영해요. 식품 연구원은 식품과 영양에 관한 전문 지식을 갖춰야 할 뿐 아니라, 식품을 연구 개발하는 데 필요한 분석력과 창의력이 있어야 해요. 대학에서 식품영양학, 식품공학 등을 전공하면 도움이 되며, 주로 식품 제조 회사에서 일해요.

### ✶ 조리사와 요리사

조리사와 요리사 모두 좋은 재료로 맛있는 음식을 만드는 일을 해요. 두 직업의 차이점이라면 조리사는 한식이나 양식, 중식, 일식 등이 갖춰야 할 특성을 제대로 반영해 음식을 만들어 내는 데 힘쓰고, 요리사는 그 외에도 어떻게 하면 음식을 그릇에 보기 좋게 담을 수 있는지, 손님들이 음식을 먹는 장소의 분위기는 어떻게 연출할 것인지 두루 고민하지요. 조리사는 한식, 양식 등 분야별 자격증 제도가 있어 해당 자격증을 따면 취업에 유리하지만, 요리사 자격증은 따로 없어요. 조리사와 요리사 모두 뛰어난 음식 솜씨뿐만 아니라 새로운 메뉴를 개발할 수 있는 창의력과 도전 정신이 필요하답니다.

# 3부

# 모두가 행복한 세상을
# 만드는 직업

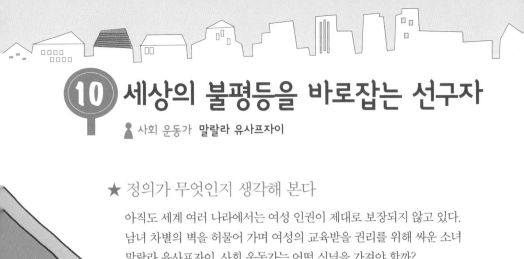

# ⑩ 세상의 불평등을 바로잡는 선구자

👤 사회 운동가 **말랄라 유사프자이**

★ 정의가 무엇인지 생각해 본다

아직도 세계 여러 나라에서는 여성 인권이 제대로 보장되지 않고 있다.
남녀 차별의 벽을 허물어 가며 여성의 교육받을 권리를 위해 싸운 소녀
말랄라 유사프자이. 사회 운동가는 어떤 신념을 가져야 할까?

2014년 노벨 평화상의 주인공은
파키스탄 소녀
말랄라 유사프자이.

역대 최연소 노벨 평화상 수상자인
소녀는 이렇게 말했다.

"나는 학교에서 의자 없이
바닥에 앉아 공부해도 괜찮아요.
내가 원하는 건 배움이에요."

생각해 보기  사회 운동가가 된다면 어떤 일을 바로잡고 싶나요?

남자아이와 똑같이
교육의 기회를 얻고 싶었던 말랄라.

다른 나라에서 태어났다면
평범했을 이 꿈이
탈레반 점령지인 파키스탄 북부
스와트 계곡 마을에서 살아가는
소녀에게는 쉽지 않은 일이었다.

여자는 교육받을 권리가 없다며
탈레반이 여학생을 학교에서 내쫓았기 때문.

**탈레반:** 1994년, 아프가니스탄에서
만들어진 이슬람 정치 단체로, 전투에
필요한 장비를 갖추고 있다.

이런 불평등이
불씨가 되어 어린 소녀는
평화와 인권에 대해 고민하기 시작했다.

열한 살이 되었을 때
말랄라는
여성에게도 배움의 권리,
교육의 자유가 있다고 호소하는 글을
자신의 블로그에 올렸다.

**호소하다:** 억울하거나 딱한
사정을 남에게 하소연하다.

"말랄라가 총에 맞았어요.
말랄라를 살려 주세요!"

2012년 10월 9일,
거리에 소녀들의 비명 소리가 울려 퍼졌다.


쿠샬 여자 고등학교에 다니고 있던
말랄라가 탈레반 대원이 쏜 총에 맞아
중태에 빠지고 만 것.
현지에서 수술을 받은 말랄라는 곧이어
영국의 한 병원으로 보내졌다.


다행히 목숨을 건진 말랄라.

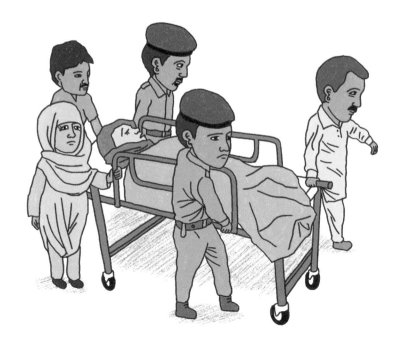

"나는 두렵지 않아요."

이 사건이 일어난 후에도
말라라는 용기를 잃지 않았다.
계속되는 탈레반의 테러 위협에도 당당했다.

**테러:** 폭력을 써서 상대를
협박하거나 공포에 빠뜨리는 일.

어린 소녀의 이 놀라운
용기는 어디서 나온 것일까?

말랄라의 주변 사람들은 말한다.

말랄라는
다른 소녀들과 마찬가지로
할리우드 스타를 좋아하고
수다 떠는 걸 즐기는
평범한 아이일 뿐이라고.

하지만
말랄라에게는 옳지 않은 일을
바로잡아야 한다는 강한 의지가 있었다.

여성도 평등하게
교육받을 수 있는 환경을 만들기 위해
말랄라가 벌인 사회 운동은
전 세계 수많은 사람에게 깊은 감동을 주었다.

사회 운동가는
여성 차별, 동물 학대, 환경 오염,
노인 문제 등 사회가 안고 있는
여러 문제를 해결하기 위해
스스로 노력을 기울인다.

자신은 물론 다른 친구들의 삶을
보다 나은 방향으로 바꾸고 싶어
용기를 낸 말랄라처럼
사회 운동가는 모두가 행복하게
살 수 있는 사회를 만들기 위해 힘쓴다.

사육 과정에서 동물이 학대받는 모습을 보고
대중에게 채식을 권했던 비틀스의 멤버 존 레논.
아이와 여성의 인권 문제에 관심을 갖고
아프리카를 비롯해 세계 여러 나라를 돌아다니면서
후원을 아끼지 않는 영화배우 안젤리나 졸리.
이런 유명인 외에도 사회 곳곳에서 일하는
훌륭한 사회 운동가가 있다.

사회 운동가가 되려면
다양한 사회 현상에 관심을 갖고
여러 분야의 책을 읽으면서
폭넓게 사고하는 것이 중요하다.

여성의 인권을 위해 싸운 말랄라처럼
사회 운동가는 세상을 향해
'지금 벌어지고 있는 일이
과연 옳은 것인가?'라는
질문을 던진다.

사회 운동가 되기 위해서는
먼저 자신에게 물어야 한다.

'내가 꿈꾸는 세상은 어떤 세상이지?'

### 여성의 교육받을 권리를 위해 싸우는 소녀, 말랄라

최연소 노벨 평화상 수상자인 말랄라는 파키스탄에서 여자아이가 남자
아이와 똑같이 교육받을 수 있는 권리를 위해 싸우고 있어요. 탈레반의
총격과 협박에도 굴복하지 않고 말이에요. 탈레반은 여성의 교육을 금지
하는데, 이에 부당함을 느낀 말랄라는 10대의 어린 나이에도 불구하고
자신의 뜻을 세상에 널리 알렸지요. 말랄라의 용기 있는 행동에 감동받은
전 세계 사람이 말랄라와 함께 이 문제를 고민하고 있답니다.

### 사회 운동가가 되고 싶다고요?

여러 사회 문제를 스스로 해결하기 위해 단체를 조직해 활동하는 사람을
사회 운동가라고 해요. 관심을 갖는 분야에 따라 인권 운동가, 여성 운동
가, 환경 운동가 등으로 나뉘지요. 사회 운동가는 확고한 신념을 바탕으
로 권력에 맞서 활동하기 때문에 위험을 무릅써야 하는 경우가 많아요.
각종 캠페인과 집회, 이메일, 뉴스 레터 등을 통해 문제 상황을 널리 알
리고 시민과 언론의 관심을 이끌어 내며, 여러 사람과 힘을 모아 문제의

해결책을 찾아 나가요. 사회 운동가는 무
엇보다 자신의 일에 사명감을 갖는 것이
중요해요. 사회 운동은 정신적·육체적으
로 힘든 일이기 때문에 왜 그 일을 하려고

하는지 스스로 분명히 알고 있어야 하거든요. 또 함께 일하는 사람들을 이끌 수 있는 리더십, 의사소통 능력 등이 필요하지요. 사회 운동가가 되는 데 특별한 자격이나 학력 제한은 없지만, 자신의 관심 분야에 대해서는 전문 지식을 갖춰야 하며 사회 문제 전반에 대해 두루 알고 있으면 도움이 돼요.

## 사회 운동가의 종류를 알아볼까요?

### ✽ 인권 운동가

인권이란 모든 사람이 태어날 때부터 가지고 있는 가장 기본적인 권리를 말해요. 누구도 인간으로부터 인권을 빼앗을 수는 없지요. 인권 운동가는 이 세상 모두가 인종이나 국적, 성별, 종교, 정치적 신념과 상관없이 인간으로서 누려야 할 자유와 권리를 보장받도록 하기 위해 힘쓴답니다.

### ✽ 여성 운동가

여성 운동은 남녀 성 평등을 실현하기 위해 벌이는 활동으로, 여성 운동가는 성차별 없이 모두가 주체적으로 살아갈 수 있는 사회 환경을 만들기 위해 노력해요. 특히 여성 빈곤 문제를 해결하기 위해 여성 일자리 마련에 노력을 기울이지요.

### ✽ 환경 운동가

환경 운동가는 숲을 보호하고 유해 물질의 사용을 막는 등 자연 생태계를 보전하는 데 앞장서요. 환경의 중요성을 알리기 위해 캠페인을 벌이고 시민이 참여할 수 있는 다양한 행사와 교육 프로그램을 기획하지요. 무분별한 개발 공사로 자연이 훼손되는 현장으로 달려가 시위를 벌이기도 하고, 모금 활동을 통해 환경 개선 사업에 힘을 보태기도 한답니다.

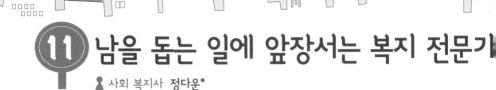

# ⑪ 남을 돕는 일에 앞장서는 복지 전문가

👤 사회 복지사 **정다운**\*

★ 다른 사람의 어려움을 살피고 돕는다

다른 나라보다 정치, 경제, 문화의 수준이 높은 선진국일수록
사회 복지가 잘되어 있다. 사회 복지의 중요성이 날로 커지면서
남을 돕는 일을 통해 보람과 성취감을 얻는
사회 복지사에 대한 관심도 꾸준히 높아지고 있다.
나도 사회 복지사에 도전해 볼까?

민정이는 학교 수업이 끝나고
집으로 돌아오는 길에
리어카 가득 폐지를 싣고 가는
할머니를 만나곤 한다.

하루는 할머니의 리어카가
돌멩이에 걸렸는지 기우뚱하며
차곡차곡 쌓여 있던 폐지가 우르르 쏟아졌다.

"아휴, 이를 어째!"
민정이는 할머니를 도와 드리기 위해 달려갔다.

집으로 돌아온 민정이는 엄마에게
이 이야기를 했다.

 남을 도울 수 있는 방법에는 무엇이 있을까요?

"우리 민정이가 착한 일을 했구나.
사회 복지가 잘되어 있으면
그런 분들이 고생을 덜하실 텐데."

엄마의 이야기를 듣고 있던 민정이 귀에
사회 복지라는 말이 쏙 들어왔다.

언젠가 짝꿍 민호가
자기는 사회 복지사가 되고 싶다는 말을
한 적이 있기 때문.

민정이는 가끔 책을 빌리러 가는
아동 복지관에서 일하는
정다운 선생님에게 편지를 쓰기로 했다.

토요일 오전,
민정이의 편지를 받은
정다운 선생님의 얼굴에 환한 미소가 번졌다.

사회 복지사가 어떤 일을 하는지
자세히 알고 싶다는 민정이.

정다운 선생님은
민정이에게 답장을 쓰기 시작했다.

"강민정 학생, 편지 잘 받았어요.
민정이의 말처럼 사회 복지사는

# 어려움에 처한 사람을
# 심리적·경제적으로 돕는 일을 해요.

주로 아동 복지관, 노인 복지관,
장애인 복지관 등에서 일하지요."

요즘은
사회 복지사의 역할이
보다 중요해지면서
이들의 활동 분야가
점차 세분화되고 있다.

**세분화되다:** 여러 갈래로
자세히 갈라지다.

의료 사회 복지사는
입원에서 퇴원까지
환자와 그 가족이 불편을
겪지 않도록 다양한 도움을 주며,
경제적으로 어려운 환자에게
병원비를 지원해 줄 후원자를 찾아
연결해 주기도 한다.

학교 사회 복지사는
학생들이 학교와 가정에서 맞닥뜨리는
여러 문제에 관해 상담하고
해결책을 찾기 위해 노력한다.

"민정이가 사회 복지사가 되고 싶다면
사회 복지사 자격증을 받는 것도 중요하지만
왜 사회 복지사가 되고 싶은지 잘 생각해 보세요.
길 잃은 아이를 경찰서에 데려다주거나
지하철 안에서 할아버지에게 자리를 양보하고,
평소 집안일을 도맡아 하는 엄마를 대신해
청소나 설거지를 하는 것도 남을 돕는 방법이에요."

정다운 선생님에게
답장을 받은 민정이는 자기가
왜 사회 복지사에 관심을 갖게 되었는지
일기장에 꼼꼼히 적어 보았다.

짝꿍인 민호의 영향도 있었지만
민정이는 친구들에게
도움이 되는 일을 하고 나면
부쩍 기분이 좋아지곤 했다.

자신의 직업을 통해
남을 도울 수 있는 사회 복지사.

민정이는 10년 뒤
사회 복지사가 될 꿈을 안고
달콤한 잠 속으로 빠져들었다.

### 사회 복지사가 되고 싶다고요?

사회 복지사는 스스로 생계를 유지하기 힘들거나 몸이 불편해 보호가 필요한 복지 대상자에게 도움을 주는 일을 해요. 주로 청소년, 노인, 여성, 장애인 등이 대상이 되지요. 이들의 기본적인 생활을 보장하고 삶의 질을 향상시키기 위해 사회 복지사는 다양한 방법을 마련한답니다. 사회 복지사가 되기 위해서는 사회 복지사 자격증이 필요하며, 1급과 2급 두 종류가 있어요. 각 자격증을 가진 사회 복지사가 실제로 하는 일에는 별다른 차이가 없는 데다, 2급은 시험을 치르지 않아도 되기 때문에 1급에 비해 2급 자격증이 인기가 더 많아요. 전문 교육 기관에서 학력에 따라 정해진 만큼 수업을 듣고 실습을 마치면 사회 복지사 2급 자격증을 받을 수 있답니다. 또 자격증을 받은 후 사회 복지직 공무원 시험에 합격하면 사회 복지 공무원이 될 수 있지요. 사회 복지사가 되고 싶다면 평소 봉사 활동에 참여하는 것이 좋아요.

### 복지와 관련된 직업이 궁금하다고요?

＊ 노인 요양 보호사

일반 가정이나 노인 요양 시설에서 치매를 앓거나 거동이 불편한 노인의 일상생활을 돕는 일을 해요. 식사를 챙기고 목욕을 시

키거나 대소변을 처리하는 일을 맡아 하지요. 다른 사람을 돌보는 것은 고된 일이기 때문에 노인 요양 보호사에게는 봉사하는 마음이 필요하며, 관련 교육 기관에서 공부한 후 요양 보호사 자격증을 받아야 한답니다.

## ✳ 사회 복지 정책 연구원

양육비와 의료비를 지원하는 사회 복지 정책은 저출산과 고령화라는 우리 사회의 현상을 꼼꼼하고 체계적으로 분석해 마련되었어요. 이러한 일을 하는 사람이 바로 사회 복지 정책 연구원이에요. 기존 복지 정책의 문제점을 찾아 해결하고 더 나은 제도를 개발하기 위해 노력하지요. 사회 복지 정책 연구원에게는 무엇보다 국민이 처한 어려움에 관심을 기울이려는 마음 자세가 중요해요.

## ✳ 주거 복지사

주거 복지사는 지역 주민의 주거 실태를 조사하고, 주거 문제를 스스로 해결할 능력이 없는 사람에게 집을 빌려주거나 열악한 환경에 놓인 집을 개조해 주는 일을 해요. 안정적인 주거 공간을 마련하기 힘든 계층에 대한 복지 정책이 강화되면서 앞으로 주거 복지사가 해야 할 일은 더 많아질 거예요.

## ✳ 청소년 지도사

여러 단체에서 청소년의 학업 능력이나 사회 적응 능력을 키워 줄 수 있는 프로그램을 기획하고, 청소년의 고민을 상담하는 일을 해요. 부모가 모두 일하는 가정이 늘어나면서 청소년을 돌보고 교육해야 할 사회적 필요가 증가하게 되었지요. 청소년 지도사 중에는 심리학이나 교육학 석사 이상의 학위를 가진 사람이 많으며, 청소년 상담사 자격증이 있으면 취업에 유리하답니다.

# ⑫ 한 나라의 얼굴이 되는 외교 사절

👤 외교관 반기문

★ 책임감을 기르고 다양한 언어에 관심을 갖는다

세계 여러 나라를 돌아다니면서 한 나라의 대표자 역할을 하는 외교관.
이 역할을 잘 해내려면 뛰어난 언어 실력 외에도 갖추어야 할
여러 조건이 있다. 외교관이 되기 위해서는 어떤 자질이 필요할까?

"당신의 꿈은 무엇입니까?"

미국의 케네디 대통령이 물었다.
질문을 받은 우리나라 소년은 힘주어 대답했다.

"저는 외교관이 되고 싶습니다."

중학교에 들어가 처음 배운
영어에 흥미를 느낀 이 소년은
교과서를 통째로 외울 정도로
영어 공부에 열심이었다.

나중에는 친구들을 위해
직접 영어 교재를 만들었을 정도.

 외국에 나가 일하면 어떤 좋은 점이 있을까요?

"이번에 서울에서 열리는
영어 경시대회에 나가 보지 않을래?
뽑히면 한 달 동안
미국 연수를 보내 준다는구나."

충청도 대표로 참가한 소년은
이 대회에서 1등을 해
미국 적십자사에서
세계 여러 나라의 청소년을 초대하는
프로그램에 참가할 기회를 얻었다.

140

미국으로 건너간 소년은 그곳에서
케네디 대통령을 만났고
무엇이 되고 싶냐는 질문에
곧바로 '외교관'이라고 대답했던 것.

1970년, 소년은 드디어 외교관이 되고
2006년에는 아시아 인 최초로
유엔 사무총장에 선출된다.

오래전부터 꿈꿔 오던 소망이
현실이 된 것이다.
자신의 꿈을 이룬 소년의 이름은
바로 반기문.

그는 어떻게 꿈을 이루었을까?

상쾌한 아침 공기를 가로지르면서
학교로 향하던 소년 반기문.

한국 전쟁을 겪는 동안
반듯한 건물이 사라지고
비록 천막으로 지은 임시 학교지만
학교 가는 길은 늘 즐거웠다.

다른 친구들보다 먼저 등교해
책상에 앉아 조용히 책을 읽던
그의 별명은 '파리똥'.

전쟁을 피해
충주의 외갓집으로 피난 온 반기문은
코에 있는 점 때문에 친구들에게
파리똥이라 놀림받은 것.

하지만 화를 내는 대신
친구들을 돕기로 마음먹는다.

구구단을 못 외워
선생님이 내 준 과제를 해결하지 못하는
친구에게 먼저 도움의 손길을 내밀었다.

"기문아, 수업 끝나고 냇가로 놀러 가자."

진심이 통한 것일까?
친구들은 더 이상 파리똥이라 부르지 않고
친근하게 그의 이름을 불러 주었디.

그는 동생들이 다툼을 벌일 때도
어느 한쪽 편을 들기보다
양쪽의 이야기를 차분하게 들어 주었다.


이런 태도는
훗날 그가 '최고위 외교관'이라 불리는
유엔 사무총장이 되었을 때
많은 도움이 되었다.

**최고위**: 가장 높은 자리.

**조율**: 어떤 대상에 알맞도록
문제를 조절하는 것.

나라 사이에 분쟁이 일어났을 때
그것을 원만히 해결하는 조율자로서
제 역할을 잘 해낼 수 있는
밑바탕이 되어 준 것이다.

외교관은
국가의 외교 정책을 수립하고
외교 업무를 수행하는 공무원이다.

주재국: 외교관이 국가의 명령을
받아 머물러 있는 나라.

자국: 자기 나라.

나라를 대표해 주재국에 자국의 의사를
전달하는 등 외교 업무를 총괄하는 대사와
외국을 여행하거나 그곳에 거주하는 자국민을 보호하는 영사.
이외에 공사, 서기관 등을 통틀어 외교관이라고 부른다.

외교관은 다양한 문화 교류를 통해
외국에 자기 나라의 이름을 알리기도 하고,
자신이 머물고 있는 나라의
정치, 경제, 문화에 대한 중요한 사항을 파악해
자국 정부에 알리는 역할도 한다.

145

우리가 알고 있는 것과 달리
외교관은 외국에서만 일하는 것이 아니다.
외교부에서 근무하다가
해외 공관으로 자리를 옮기고
몇 년 후 다시 국내로 돌아오는 과정을
몇 차례 반복한다.

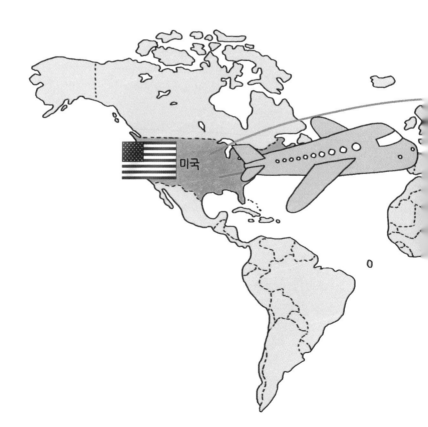

반기문 유엔 사무총장의 경우도
1976년 인도를 시작으로 미국을 거쳐
호주에서 일하는 사이사이
국내로 돌아와 여러 업무를 맡아보았다.

**외교부:** 외교 정책이나 국제 협정 등의
일을 맡아보는 우리나라 중앙 행정 기관.

**해외 공관:** 외교 업무를 처리하기
위해 해외에 설치된 기관.

미국

외국에 파견되어 근무하는
외교관에게는
다양한 분야에 관한 폭넓은 지식과
뛰어난 외국어 실력이 요구된다.

외국인을 상대로 설득력 있는 대화를 이끌려면
열린 마음으로 사람을 대할 줄 알아야 한다.
그러기 위해서는 다른 나라의 문화를
공부하는 일에 게으름을 피워서는 안 된다.
거기에 협상 능력까지 갖춘다면 더할 나위 없이 좋다.

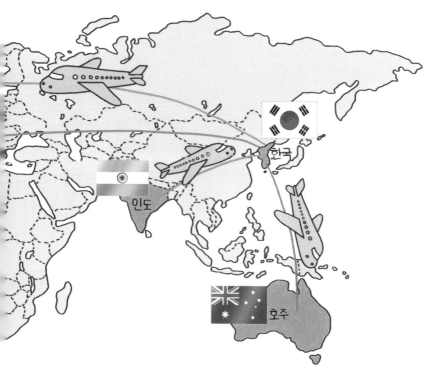

오랫동안 외교관으로 바쁘게 살아 온 반기문은
현재 전 세계 193개 나라가 참여하는
세계 최대 국제기구인 유엔의 사무총장으로 일하면서

국제 분쟁을 예방하고 조정하는
중재자의 역할을 맡고 있다.

**국제기구:** 국제적인 목적이나
활동을 위해 두 나라 이상의
회원국으로 구성된 조직체.

**핵 확산 금지:** 핵무기가 없었던 나라가
스스로 만들거나 다른 나라에게 받아서
핵무기를 갖게 되는 것을 막는 일.

기후 변화와 핵 확산 금지 등
민감한 국제 문제를 지혜롭게 해결해 온 반기문.


그는 점심시간을 이용해
프랑스어와 독일어를 공부했고,
유엔 회의가 있을 때면 변변한 사무실이 없어
방황하는 아프리카 국가의 대표를 사무실로 초대해
따뜻한 차를 대접하기도 했다.

반기문 유엔 사무총장은 말한다.

"인생 최대의 지혜는 친절이에요.
나를 비판하는 사람도 친구로 만드세요.
그리고 대화로 승리하는 법을 배우세요."

그는 평생 이를 실천해 왔고,
그러한 노력을 통해
국제 외교 무대에서 빛을 발하는
멋진 외교관이 될 수 있었다.

## 유엔(UN)에 대해 알아볼까요?

전 세계의 평화와 안전을 유지하기 위해 1945년에 설립된 국제기구예요. 우리나라를 포함한 193개 나라가 회원국으로 참여하고 있으며, 본부는 미국 뉴욕에 있어요. 유엔은 평화를 무너뜨리는 나라 간 분쟁을 회원국의 협력을 통해 갈등 없이 원만하게 해결하고자 하지요. 침략 국가에 제재를 가하기도 하고, 여러 분쟁 지역에 평화 유지군을 파견하기도 해요.

## 외교관이 되고 싶다고요?

외교관은 한 나라를 대표해 외국과 정치적·경제적·문화적 관계를 맺는 외교 업무를 맡아 해요. 국내에 머물면서 다양한 외교 정책을 세우기도 하고, 외국에 나가 주재국(외교관이 머물고 있는 나라)과 협상을 벌이거나 자국(자기 나라)의 문화를 알리며, 외국에 살고 있는 자국민을 보호하는 일도 하지요. 외교관은 뛰어난 외국어 실력을 갖춰야 하는 것은 물론이고, 세계에서 일어나는 다양한 문제에 관해서도 두루 알고 있어야 해요. 외교관이 되려면 외교관 후보자 시험에 합격한 후 국립외교원에서 1년간 교육을 받아야 한답니다. 교육 기간 동안 우수한 성적을 거두면 5등급 외무 공무원, 즉 외교관이 될 수 있어요.

# 외국과 교류하는 직업이 궁금하다고요?

## ★ 국제 개발 협력 전문가

국제 개발 협력 전문가는 정부나 국제기구, NGO 등에 소속되어 개발 도상국의 경제적·사회적 발전을 돕는 일을 해요. 세계 여러 나라가 이 일에 동참하고 있지요. 국제 개발 협력 전문가는 도움을 주고자 하는 개발 도상국에 가장 필요한 사업이 무엇인지 파악하고, 진행 중인 사업에 문제가 없는지 확인하며, 후원하고 있는 현지인에게 응원의 메시지를 전하기도 한답니다. 국제 개발 협력 전문가가 되기 위해서는 세계의 여러 문제에 늘 관심을 기울여야 해요. 자신이 일할 개발 도상국의 나라 사정과 문화를 공부해야 하며, 외국어 실력도 갈고닦아야 하지요. 그리고 무엇보다 가난한 이들을 이해하고 도울 수 있는 봉사 정신이 필요하답니다.

## ★ 국제 투자 기획원

국제 투자 기획원은 증권사나 은행 등 금융 기관의 국제 투자 부서에서 외국 투자에 관한 일을 맡아 해요. 세계의 산업 현황 및 경제 사정을 살피고 각종 자료를 찾아 분석하지요. 이를 토대로 외국의 투자 대상을 결정하고 좋은 성과를 얻기 위한 전략을 세워요.

## ★ 국제회의 기획자

세계 여러 나라 대표가 한사리에 모여 서로 의견을 나누고 국제적인 문제를 해결하기 위해 여는 회의를 국제회의라고 해요. 국제회의 기획자는 그 회의를 주최하는 개인이나 단체에게 일을 부탁받아 국제회의를 기획하고 진행하지요. 예산을 짜고 회의 장소를 정하며 각국 참가자를 초청하는 것은 물론, 회의 기간 중에 이루어지는 숙박이나 관광에 관한 업무도 국제회의 기획자가 해야 할 일이에요.

# ⑬ 세계를 무대로 활동하는 평화의 파수꾼

👤 국제 NGO 활동가 **곽은경**

## ★ 인간에 대한 사랑을 잃지 않는다

국제 사회에서 '로렌스 곽'으로 더 많이 알려진 곽은경.
그녀는 2008년 8월, 55개 나라의 단체를 회원으로 둔 국제 NGO
팍스 로마나의 세계 사무총장으로 선출되었다. 언제나 약한 자의
편에 서 있는 국제 NGO 활동가. 그들은 어떤 일을 하는 걸까?

"여기 응급 환자가 발생했어요!"

스튜어디스의 다급한 목소리가
기내에 울려 퍼졌다.

볼리비아로 가기 위해 탑승한 비행기 안에서
정신을 잃은 국제 NGO 활동가 곽은경.

그녀에게 이런 일은 처음이 아니었다.
1년 중 6개월을 비행기 안에서 보낸다고 할 정도로
쉴 틈 없이 세계 여러 나라를 돌아다녀야 하는
국제 NGO 활동가의 삶.

**국제 NGO(Non Governmental Organization):** NGO란 시민 스스로 조직해 정부 권력을 감시하고 환경, 인권, 빈곤, 여성 문제 등을 해결하기 위해 다양한 활동을 벌이는 단체를 말하며, 전 세계 여러 나라에서 활동하는 NGO를 국제 NGO라고 한다.

응급 처치를 받고 깨어난
그녀는 국제회의에
참석하기 위해 다시 힘을 냈다.

 세상을 변화시키기 위해 어떤 일을 할 수 있을까요?

25년 동안

그녀가 돌아다닌 나라는 자그마치 100여 개국.

인도는 물론 시에라리온, 남아프리카 공화국,

콜롬비아, 볼리비아, 페루, 멕시코 등

쉼 없이 떠도는 삶을 살았다.


전쟁으로 황폐해진 나라,

여성의 인권이 유린되는 현장,

아이가 강제 노동에 동원되는 곳,

의료나 교육 시설이 턱없이 부족하고

사람들이 처참한 빈곤에 시달리는 지역.

**인권 유린:** 권력을 가진 사람이 다른
사람의 기본적인 권리를 빼앗는 일.


이런 곳에는 언제나

국제 NGO 활동가 곽은경 씨가 있었다.

154

국제 NGO는
세계를 무대로 활동하는 시민 단체로,
권력이나 이익을 얻으려는 것이 아니라
전쟁, 인권, 환경, 성차별, 빈곤 등의
문제를 해결하기 위해 노력한다.

곽은경 씨는 이런 NGO를
'우리 시대의 양심'이라고 정의한다.

그녀는 전 세계의
소외된 곳을 돌아다니면서
인간의 생존과 평화를 위한 활동을
벌여 나가고 있다.

교육 시스템이 필요한 곳에는
교육에 관한 프로그램을 제공하고,

**참상:** 비참하고 끔찍한 상황.

의료 시설이 부족한 곳에는
의약품을 제공하거나 의료진의 파견을 위해 노력한다.
인권 유린이 심각한 지역에 대해서는
국제 사회에 그 참상을 알리기 위해
관련 자료를 수집하고 배포한다.

1987년, 곽은경 씨는
다니던 회사를 그만두고 프랑스행 비행기에 올랐다.
파리에 본부를 둔 '국제가톨릭학생운동'에서
NGO 활동을 시작하기 위해서였다.

프랑스어는 물론 영어도 제대로 못했지만
더 넓은 세계를 경험하면서
더 많은 사람에게 도움이 되는 일을 하고 싶었다.

말도 통하지 않는 낯선 나라에서
몸이 아프고 힘들 때마다
그녀는 스스로에게 물었다.

'나는 누구인가?'
'내 이웃은 누구인가?'

이 물음은
자신이 왜 국제 NGO 활동가가 되어야 하는지
다시 한 번 그 이유를 묻는 것이기도 했다.


춥고 그늘진 곳까지
따뜻한 햇살이 비추어
불행하게 살아가는 사람이 없는
세상을 만드는 것.


곽은경 씨는 그런 큰 꿈을 꾸었다.


인도에서 가장 천대받는
달리트 여성의 삶이
국제 NGO의 활동을 계기로
조금씩 달라지는 것을 보면서
그녀는 절망 속에서도 희망이 꽃씨가
피어나는 것을 보았다.

**달리트:** 인도의 계급 제도에서
가장 낮은 신분을 가진 계층을
말하며, 불가촉천민이라고도 한다.

국제 NGO 활동가에게는 무엇보다
사람을 사랑하는 마음,
생명을 존중하는 마음,
평화를 지키겠다는 신념이 있어야 한다.

제대로 씻지도 못하고, 잠도 자지 못한 채
구호 현장으로 달려가야 할 때가 많지만
그들은 더 나은 세상을 향한 희망을 버리지 않는다.

**구호:** 어려운 처지에 있는
사람을 돕고 보호하는 것.

곽은경 씨는 자신의 책에서 이렇게 말했다.

"변화는 한순간에 이루어지는 것이 아니다.
한 가닥의 희망일지라도,
가장 밑바닥에서부터 작은 힘을 보태는 것.
그것이 모이고 쌓여 불가능한 기적을
만드는 것임을 나는 믿는다."

159

### 세계적인 NGO에는 무엇이 있을까요?

✳ 유니세프

어려움에 처한 전 세계 어린이를 위해
다양한 사업을 해 나가는 국제 어린이
구호 단체예요. 유엔에서 설립한 특별
기관이지요. 거리에서 굶주리며 살아
가는 아이, 교육받지 못한 채 노동에

시달리는 아이, 전쟁으로 고통받는 아이를 보호하기 위해 노력한답니다.

✳ 국제 앰네스티

모든 사람이 차별 없이 인간다운 삶을 누릴 수 있도록 힘쓰는 국제 인권
단체예요. 전 세계의 인권 실태를 조사하고, 문제를 해결하기 위해 캠페인
을 벌여요. 자신의 양심과 신념을 밝힌 이유로 위험에 처한 사람을 보호하
고, 인권을 존중하는 문화를 만들기 위해 인권 교육을 실시해요.

✳ 국경 없는 의사회

전쟁이나 질병 등으로 고통받거나 의료의 손길이 닿지 않는 지역에 사는
사람을 위해 활동하는 국제 의료 구호 단체예요. 파괴된 병원을 복구해
환자를 치료하며, 아이가 영양실조에 걸리지 않도록 급식소를 설치해 음
식을 제공하지요. 결핵이나 에이즈 환자를 돌보고, 우물을 개발해 깨끗한
식수를 공급한답니다.

## 국제 NGO 활동가가 되고 싶다고요?

인간의 가치를 중요시하고 이웃과 더불어 사는 삶을 위해 자발적으로 조직된 단체를 NGO라고 해요. 권력이나 이익을 추구하는 것이 아니라 여러 사회 문제를 해결하려고 노력하지요. NGO는 국내를 넘어 전 세계를 무대로 활약하기도 하는데, 이런 단체를 국제 NGO라고 해요. 주로 전쟁이나 빈곤, 환경과 같은 국제적인 문제를 해결하는 데 앞장서지요. 국제 NGO 활동가는 국제 NGO에 소속되어 있는 활동가로, 일반적인 NGO 활동가와 하는 일에 차이는 없어요. NGO는 단체마다 인권, 환경, 여성, 아동 등 관심 분야가 다르며, 그 조직 안에는 일반 회사와 마찬가지로 여러 부서가 존재한답니다. 국제 NGO 활동가 되는 데 학력 제한은 없지만, 활동이 점차 전문화되면서 석사 이상의 학위를 가진 사람도 많아요. 국제 NGO 활동가가 되려면 무엇보다 자신의 일에 사명감을 가져야 하며, 외국어 실력이 뒷받침되어야 해요.

## NGO 활동가는 어떤 일을 하나요?

NGO는 서로 다른 일을 하는 여러 활동가로 구성된답니다. 현장에 나가 구호 활동을 벌이는 활동가도 있고, 사무실에 매일 출근하면서 NGO의 운영을 맡아보는 활동가, 각종 프로그램을 기획하고 홍보하는 활동가, 회계 일을 처리하는 활동가, 물품의 구입과 관리를 담당하는 활동가, 출판과 관련된 일을 하는 활동가 등 매우 다양해요. 또 매일 출근하진 않지만 NGO 활동에 관한 법률 문제를 조언하고 해결하는 활동가도 있답니다. 이처럼 NGO 활동가의 일은 한 가지로 정해져 있지 않으며, 각자 자신의 영역에서 책임을 다하고 있는 거예요.

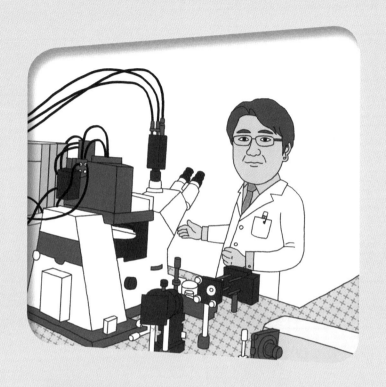

# 4부

# 새로운 세상,
# 미래의 유망 직업

# 14 컴퓨터를 잘 다루는 지리 설계사

👤 지리 정보 시스템 전문가 **이기호***

★ 날마다 걷는 길도 관찰하는 습관을 들인다

처음 가는 길도 잘 찾아갈 수 있도록 도와주는 각종 장비가
개발된 이후 우리는 좀더 편리한 생활을 누리고 있다. 인터넷으로
검색만 하면 목적지까지 가는 길이 지도에 표시되는 시대.
이렇게 편리한 지리 정보 시스템은 어떤 사람이 만드는 걸까?

"토요일 오전 11시.
서울시립어린이도서관에서 만나서
조별 숙제를 같이 하자.
도서관은 사직동에 있어.
모두 잘 찾아올 수 있지?
— 민호가."

땡동, 알림 소리가 울리자
휴대폰 문자를 확인한
은별이는 민호의 제안을 보고
조금 당황했다.

서울시립어린이도서관이
어디에 있는지 잘 모르기 때문.

은별이는 친구 소은이에게 전화를 걸었다.

 지도를 만들려면 무슨 일부터 시작해야 할까요?

"소은아, 민호 문자 받았지?
넌 어린이도서관이 어디 있는지 알아?"

소은이도 잘 모르고 있었다.

"사당동에서 거기까지 가려면 지하철을 타야 할까?
아니면 버스를 타는 것이 더 빠를까?"

소은이와 한참 이야기를 나누고 있는데
방에서 나온 지우 언니가 한마디 던졌다.

"서울시립어린이도서관 가는 길을 찾는 거면
인터넷으로 지도를 검색해 봐.
어떻게 가는 게 가장 빠른지 알려 줄 거야."

은별이는 그동안 한 번도
인터넷 지도를 써 본 적이 없었다.
그래서 인터넷 지도로 목적지를
찾아 본다는 게 너무 신기했다.

지우 언니는
모르는 길이라도 휴대폰에 '길 찾기 앱'을 깔면
헤매지 않고 잘 찾아갈 수 있다고 알려 주었다.

은별이는 대동여지도를 만든
김정호 선생의 위인전을 읽은 적이 있어
인터넷 지도가 더 신기하게 느껴졌다.

**대동여지도:** 조선 후기 지리학자인
김정호가 30여 년간 전국을 직접
답사하고 만든 우리나라 지도.

'김정호 선생은

첩자라는 누명을 쓰면서까지

우리나라 지도를 만들기 위해

전국 방방곡곡 안 다닌 곳이 없는데…….

한겨울에도 쌓인 눈을 헤치고

추위와 배고픔을 견디면서

힘겹게 지도를 완성했잖아.

그런데 인터넷 지도는

누가 어떻게 만드는 걸까?'

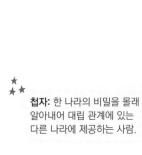

**첩자:** 한 나라의 비밀을 몰래
알아내어 대립 관계에 있는
다른 나라에 제공하는 사람.

은별이가 궁금해하는 사람을
지리 정보 시스템 전문가라고 한다.

요즘은 인터넷 지도를 이용해
언제 어디서든 실시간으로 원하는 곳의
위치를 검색할 수 있다.

처음 간 여행지에서
좋은 숙소와 맛있는 음식점이 어디에 있는지,
교통편은 어떻게 이용하면 되는지,
가 볼 만한 문화 유적지는 어디어디인지
손쉽게 알아낼 수 있게 되었다.

이런 일이 가능한 것은
지리 정보 시스템 전문가가
인터넷 지도를
잘 설계해 놓았기 때문이다.

지리 정보 시스템 전문가는

아직 낯선 직업이지만

앞으로는 더 많은 사람이

이 직업을 갖게 될 것이다.


은별이네 집 건너편에 사는

지리 정보 시스템 전문가 이기호 박사님은

지리 정보 시스템 전문가가 하는 일에 대해

쉽게 설명해 주었다.


"안국역 3번 출구에 어떤 건물이 들어섰는지,

서촌에는 어떤 맛집이 있는지,

부암동의 미술관은 어떻게 찾아가면 되는지뿐만 아니라

토지, 산, 도로, 철도, 전기, 통신, 지하자원의 위치 같은

각종 정보를 수집해 데이터베이스를 만들고

이것을 지리 정보로 활용할 수 있는 시스템을 설계한단다."

**데이터베이스:** 여러 군데 사용되는
데이터를 쓰기 좋게 모아 놓은 것.

지리 정보는 땅 위에 있는 것은 물론
우리 눈에 보이지 않는 것까지 포함한다.
저 깊은 지하와 저 높은 하늘에 있는
자연물과 인공물의 정보까지 수집하는 것이다.

많은 사람이 편리하게 이용할 수 있는
지리 정보 시스템을 만들려면
지형과 컴퓨터에 관한
전문 지식이 필요하다.

★★ **지형:** 땅의 생긴 모양.

컴퓨터를 잘 다루고
친구와 골목 구석구석을
누비고 다니는 걸 좋아한다면
지리 정보 시스템 전문가가 되기 위한
기본 자질을 갖춘 것이다.

지리 정보 시스템 전문가에게는
뛰어난 방향 감각과
머릿속으로 지도를 그릴 줄 아는
공간 인지 능력도 요구된다.

이기호 박사님의 이야기를 듣고 보니
은별이는 문득 자기도 지리 정보 시스템 전문가가
될 자질이 있다는 생각이 들었다.

은별이는

민호에게 문자를 보냈다.

"서울시립어린이도서관으로 찾아오라고?

지금까지 한 번도 가 보지 않았지만 문제없어.

그럼 내일 거기서 만나자."

마치 소풍 가기 전날처럼

은별이는 왠지 내일이 기다려졌다.

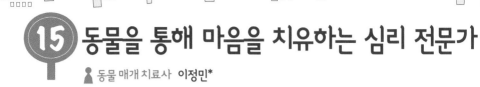

# ⑮ 동물을 통해 마음을 치유하는 심리 전문가

👤 동물 매개 치료사 **이정민*

★ 인간과 동물에 대한 이해력을 기른다

우리 주변에는 저마다의 이유로 마음의 병을 앓는
사람이 있다. 동물 매개 치료사는 동물을 통해
그런 사람의 다친 마음을 치유한다.
동물 매개 치료사가 되려면 어떻게 해야 할까?

"징가야, 이리 와!"

현우는 오늘도
강아지 징가를 산책시키는 일을 도맡았다.
징가는 딴짓을 하다가도
현우가 부르면 냉큼 달려와 안기곤 한다.

사고로 한쪽 눈을 다친 현우는
몇 달 동안 병원을 오가며
매우 힘든 시간을 보냈고,
그러는 사이 친하게 지내던
친구들과 점점 멀어지게 되었다.

그런 현우에게
누구보다 좋은 친구가 되어 준 징가.

 동물과 친구가 될 수 있을까요? 동물 친구는 어떤 도움을 줄까요?

처음 징가를 만났을 때
현우는 마음의 문을 닫은 채
혼자 있고 싶어 했다.

하지만
징가는 현우의 싸늘한 반응에도
먼저 다가와 시선을 맞추고
발로 툭툭 장난을 걸었다.

이런 징가의 노력 덕분이었을까?
처음 현우에게 왔을 때 똘이라고 불리던
강아지에게 마징가라는 이름을 붙여 주고
서서히 마음을 열었다.

지금은 함께 달리기와 공놀이를 하고
징가가 좋아하는 간식도 챙긴다.

자신만 외톨이라고 여겼던
현우에게 징가와의 만남은
놀라운 변화의 시작이었다.

"현우 얼굴이 훨씬 밝아졌네.
이제는 징가와 잘 지내는 거지?"

동물 매개 치료사인 이정민 선생님은
마음의 상처에서 벗어나
점점 활기를 찾기 시작한 현우를 보면서
자신의 일에 보람을 느꼈다.

동물 매개 치료사는
새, 개, 고양이, 토끼 등
우리에게 친근한 동물을 통해
대인 관계에 어려움을 겪고,
우울증이나 신체적 장애로
힘든 시간을 보내는 사람의
치유와 재활을 돕는 일을 한다.

한마디로 치유와 재활이 필요한
사람에게 도움이 되도록
동물 매개 활동 프로그램을 제공하는 것.

동물 매개 활동이란
사람과 동물이
서로 신뢰를 쌓아 가면서
심리적 안정과 신체적 발달을
이루는 것을 말한다.

"선생님, 저도 커서
선생님처럼 동물 매개 치료사가 될 수 있을까요?
징가와 같이 지내면서 동물과 함께하는 시간이
너무 행복하다는 걸 알게 되었어요."

이정민 선생님은
현우의 손을 꼭 잡아 주었다.

"현우야, 너는 네가 하고 싶은 일을
마음껏 할 수 있어.
꼭 하겠다는 의지를 잃지 않는다면 말이야.
선생님이 동물 매개 치료사에 대해
자세히 얘기해 줄게."

동물 매개 치료사는
동물과 사람을 연결해 주는 일을 하기 때문에
동물과 늘 가까이 지내면서
동물의 특성을 공부하고
같은 동물이라도 저마다 성격이
어떻게 다른지 잘 파악해 둬야 한다.

또 동물을 직접 훈련시키고 관리하면서
인간의 심리와 신체적 발달, 장애, 사회 복지 등
다양한 분야의 지식도 쌓아야 한다.

동물 매개 치료는
한 사람의 삶에 긍정적인
에너지를 불어넣는 일이다.

따라서 동물 매개 치료사는
인간에 대한 이해,
인간과 동물에 대한 지속적인 관심,
삶을 바라보는 따뜻한 시선을
가지고 있어야 한다.

"선생님, 오늘 징가가 저한테
사랑한다고 말하는 것 같았어요.
사람들은 동물이 말을 못한다고 하지만
제 생각엔 그렇지 않은 것 같아요.
징가도 자기만의 언어가 있거든요."

징가와의 만남을 통해
활달한 성격을 되찾은 현우.

이정민 선생님은
현우와 징가의 머리를
가만히 쓰다듬어 주었다.

공원 벤치에
붉은 단풍잎이 쌓여 가는
아름다운 가을 오후였다.

# ⑯ 비만을 막아 주는 건강 트레이너

👤 다이어트 프로그래머 **채도영***

★ 건강에 좋은 음식, 튼튼한 몸에 대해 공부한다

운동량이 부족하고 식생활이 서구화되면서 비만으로
고생하는 사람이 많아졌다. 우리 건강에 나쁜 영향을 끼치는 비만.
비만에서 벗어나도록 도와주는 다이어트 프로그래머가
되려면 어떤 능력을 길러야 할까?

"나는 뚱뚱하다.
나는 못생겼다.
나는 친구들에게 인기가 없다.
내 별명은 '코끼리'다.
나를 놀리는 남자애의 코를
납작하게 눌러 주고 싶다."

율이는 오늘도 일기장에
이런 고백을 적고 있다.

생각해 보기 10년 뒤 내 체형은 지금과 어떻게 다를까요?

요즘 율이는
학교에만 가면 스트레스를 받는다.

살이 찐 게 죄도 아닌데
왜 자꾸 친구들이 놀리는지
이해할 수 없다.

율이는 대학생 언니에게
어떤 나라에서는 통통하게 살이 오른
사람이 인기가 많다고 들었다.

율이의 스트레스를 알게 된 언니가
하루는 율이를 데리고
다이어트 프로그래머 채도영 선생님을 찾아갔다.


"선생님, 왜 제 외모가
놀림감이 되어야 하죠?
전 친구들에게 잘못한 게 없는데,
살이 쪘다는 이유로 '코끼리'라고 놀려요.
비만이 나쁜 건가요?"


선생님은 율이의 마음을
충분히 이해한다고 했다.
그리고 이런 조언을 해 주었다.

"외모를 갖고 놀리는 건 분명 잘못된 일이에요.
사람마다 얼굴 생김새가 다른 것처럼
당연히 체형도 제각각이지요.
더구나 식습관이 잘못되면
누구나 뚱뚱해질 수 있어요.
지금 당장 과체중이 아니라고 해서
앞으로도 그럴 거라는 보장은 없지요.
선생님이 보기에 율이는 조금만 살을 빼면 좋겠어요.
외모도 예뻐지겠지만 그것보다 더 중요한 건
지금보다 몸이 건강해진다는 거예요."

**과체중:** 표준에 비해 지나치게 많이 나가는 몸무게.

이런 도움말을 들은 뒤
율이는 채도영 선생님에게
비만 상태를 진단받았다.

다이어트 프로그래머는
고객의 키와 몸무게, 체지방을 측정하고
식습관과 운동량을 체크한 뒤
알맞은 다이어트 프로그램을 권한다.

율이는 평소
아침을 거르다 보니
점심을 지나치게 많이 먹곤 했다.

통닭과 피자, 콜라를 즐겨 먹고
용돈을 받으면 분식집으로 달려가
튀김, 어묵, 떡볶이를 잔뜩 사 먹었다.

이런 음식을
가끔 먹는 것은 괜찮지만
너무 자주 먹으면
비만의 원인이 된다.

"율이는 지금 과체중이기 때문에
몸무게를 줄여야 해요.
그렇다고 식사를 거르면 안 돼요.
살을 뺀다고 무조건 굶는 건 몸에 더 나빠요.
아침에 일어나서 현미밥과 된장찌개,
몇 가지 나물 반찬을 먹는 건 어때요?
입맛이 패스트푸드에 길들여져서
처음엔 맛없게 느껴지겠지만 꼭꼭 씹다 보면
재료 특유의 맛을 느낄 수 있어요."

다이어트 프로그래머 선생님은
식단, 운동량, 일상생활에서
살을 뺄 수 있는 방법 등
율이에게 적합한
다이어트법을 알려 주었다.

또 다이어트가 제대로 진행되고 있는지
확인하기 위해서는 정기적으로
몸무게와 체지방을 측정해야 하니
2주 후에 다시 선생님을 찾아오라고 했다.

## 현대병이라고 일컬어지는 비만.

많은 사람이 겪고 있는 이 비만은
그대로 방치하면 고혈압이나
당뇨병 같은 성인병의 원인이 될 수 있다.

**현대병:** 현대 사회가 지나치게
복잡해지면서 나타나게 된 각종 질병.

그렇기 때문에
앞으로 다이어트 프로그래머의 역할은
더욱 중요해질 전망이다.

다이어트 프로그래머가 되기 위해서는

비만학, 생리학, 체육학, 영양학 등의 지식이 필요하다.

최근에는 전문 대학에 다이어트 관련 학과가 생겨

보다 체계적으로 공부할 수 있게 되었다.


비만인 사람이 많은 미국에서는

다이어트 프로그래머가

전문 직업으로 자리 잡아

활발한 활동을 벌이고 있다.

다이어트 프로그래머 선생님을 만나고 온
율이는 노트에 자신이 지켜야 할
생활 습관을 하나씩 정리했다.


식사는 조금씩 여러 번 나눠 먹기.
음식은 꼭꼭 씹어 먹기.
되도록 튀긴 음식은 먹지 않기.
탄산음료 줄이기.
고기보다 채소를 많이 먹기.
날마다 줄넘기하기.


율이는 과연
이대로 실천할 수 있을까?


넌 할 수 있어, 율!

# 작은 입자로 생명을 살리는 미래 의사

나노 의사 **김주혁**\*

★ 과학과 인체의 신비에 호기심을 갖는다

나노라 불리는 입자는 크기가 매우 작아 전자 현미경으로만
볼 수 있다. 이렇게 작은 입자를 이용하는 나노 기술이
발전하면서 수술 없이도 환자를 치료하는 시대가 열리고 있다.
나노 의사는 어떻게 이런 일을 가능하게 만들까?

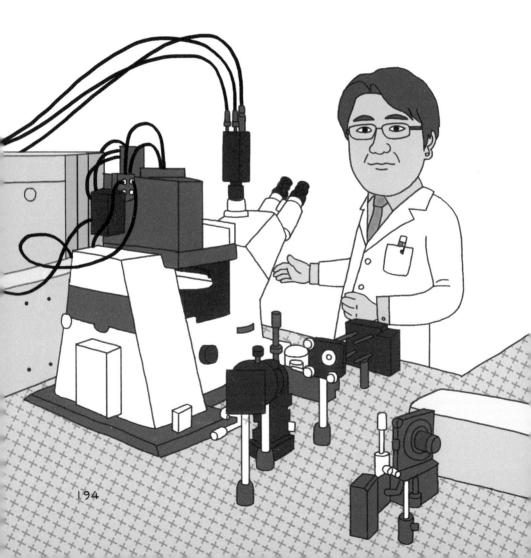

보라는

어제 꿈속에서 아프리카로 갔다.

그곳에서 아픈 친구의 병을 치료해

다시 힘차게 뛰어놀 수 있도록

돕고 있었다.


어릴 때 심장병을 앓았던 보라는

친구들이 놀이터에서

모래 놀이를 할 때

병원 침대에 누워 있어야 했다.


의사 선생님은

이런 보라의 병을

깨끗이 낫게 해 주었다.

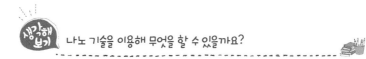
생각해 보기 나노 기술을 이용해 무엇을 할 수 있을까요?

병원에서 퇴원해 집으로 돌아온 날,
보라는 한 가지 결심을 했다.

"커서 꼭 의사 선생님이 될 거야.
그래서 나처럼 아픈 사람에게 힘이 되어 줘야지."

이때부터 보라는
훌륭한 의사의 위인전을 찾아 읽기 시작했고
새로운 의학 기술에도 관심이 생겼다.

얼마 전 보라는
'미래의 직업'이라는 숙제를 하기 위해
병원 견학을 갔을 때
김주혁 의사 선생님을 만나
나노 의사에 대해 알게 되었다.

나노는 난쟁이를 뜻하는
고대 그리스어 나노스에서
생겨난 말로,
우리 머리카락 굵기의
10만 분의 1 정도 크기인
매우 작은 입자를 말한다.

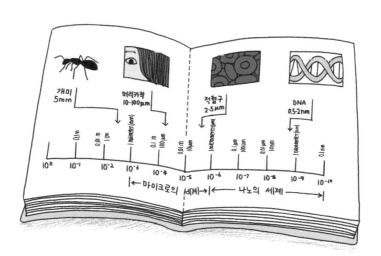

"나노 기술이 발달하면
나노 로봇을 이용해 암에 걸린
사람을 치료할 수 있어.
주사기로 아주 작은 로봇을 혈관에 넣는 거야.
항체가 담긴 나노 캡슐을 갖고 있는 로봇이
우주선처럼 핏속을 돌아다니다가
병원균을 만나면 없애 주는 거지.
나노 기술이 좀더 발전하면 아프기 전에
미리 병원균을 찾아 예방하는
면역 나노 로봇도 개발할 수 있을 거야."

**항체:** 우리 몸에 침입한 병원균과 싸우는 단백질.

**병원균:** 질병을 일으키는 세균이나 바이러스.

작고 섬세한 나노 입자를 이용해
병을 치료하거나 예방할 수 있다는
김주혁 선생님의 말을 듣고
보라는 무척 신기했다.

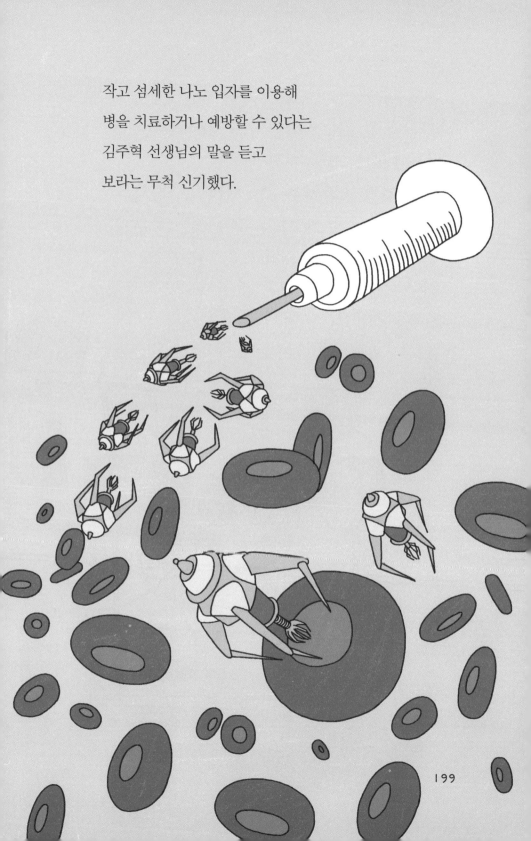

나노 의사는
피부를 절개해야 하는 수술 없이도
나노 기술로 만들어진 기계를
원격 조종해 환자를 치료한다.

**원격 조종:** 멀리 떨어진 곳에서
신호를 보내 기계를 작동시키는 일.

특히 뇌, 폐, 심장과 같이 조금만
잘못 건드려도 생명이 위험해지는
중요한 신체 기관은 나노 기술을
이용하면 큰 위험 없이
치료할 수 있다.

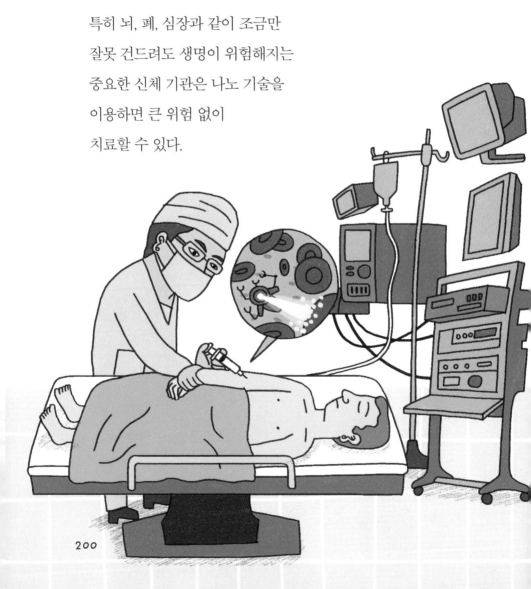

현재 나노 기술은
의학뿐만 아니라 다른 분야에서도
활발하게 연구가 진행 중이다.

하지만 좋은 기술이라도
부작용이 있을 수 있다.
치료를 위해 만들어진
나노 로봇이
오히려 신체를 공격하는
일이 벌어진다면?

과학자는 이런 위험성까지
예측해 가며 연구해야 한다.

나노 기술에 대해 알게 된
보라는 부쩍 나노 의사가 되고 싶었다.

나노 의사가 되려면
어떤 과정을 거쳐야 할까?

우선 의과 대학에 들어가 공부해야 한다.
앞으로 나노 의학이 자리를 잡으려면
조금 더 시간이 필요하다.
의학 실력을 열심히 쌓다 보면
지금보다 더 훌륭한 나노 기술이 개발될 것이고
그 기술을 이용해
보다 많은 환자를 치료할 수 있는
시대가 열릴 것이다.

"선생님, 나노 기술이 발전해
제가 가난한 나라에서 살아가는 친구들을
치료할 수 있으면 좋겠어요."

김주혁 선생님은
과학 기술을 좋은 곳에, 좋은 마음으로 사용하면
그만큼 인류의 희망도 커진다고 말했다.

"보라야, 이다음에 나노 의사가 되어
꼭 다시 만나자."

☆ 경제와 사회 분야 ☆

# 미래의 유망 직업에 대해 더 알아볼까요?

## ★ 기업 컨시어지

컨시어지는 원래 호텔에서 투숙객이 원하는 모든 서비스를 제공하는 사람이에요. 호텔 안내는 기본이고, 여행이나 쇼핑, 교통 정보 등을 안내하지요. 기업에서 이와 비슷한 일을 하는 사람을 기업 컨시어지라고 해요. 업무에 지친 직원을 대신해 여러 일을 처리하며, 각종 이벤트를 기획하거나 회사에 중요한 바이어가 찾아오면 접대를 하기도 하지요. 기업 컨시어지는 업무 처리 능력도 좋아야 하지만, 무엇보다 사람들에게 신뢰감을 줄 수 있어야 해요. 대인 관계를 원만하게 이끌 수 있는 사람에게 잘 맞는 직업이며, 기업 이미지의 중요성이 커지면서 앞으로 활동 영역이 보다 넓어질 전망이에요.

## ★ 기업 프로파일러

기업 내부에 축적된 정보를 프로파일링해 기업 경영에 활용할 수 있도록 돕는 일을 해요. 범죄 분석에서도 사용되는 프로파일링이란 한마디로 자료 수집을 말하지요. 기업이 새로운 경영 전략을 세우려고 할 때 기업 프로파일러는 기업이 그동안 진행해 온 경영 및 마케팅 전략을 분석해 필요한 정보를 찾아낸답니다. 빅 데이터(우리가 컴퓨터, 인터넷, 휴대폰을 사용하면서 남긴 엄청난 양의 데이터) 분석 기법이 점차 발전하면서 기업 프로파일러의 업무는 보다 전문화될 거예요.

✷ 리스크 매니저

리스크 매니저는 기업이 위험에 빠지게 되는 상황을 예측하고, 그런 일이 일어나지 않도록 미리 방지하거나 위험을 최소화하는 일을 해요. 기업이 주식이나 채권 등 금융 상품에 투자한 경우, 손해가 발생하더라도 어느 수준까지는 기업 경영에 직접적인 영향을 미치지 않는지 파악해 손해를 볼 경우에 대비하지요. 꼼꼼한 성격인 사람에게 잘 맞으며, 대학에서 경영학, 경제학, 회계학, 통계학 등을 전공하면 도움이 돼요.

✷ 소셜 미디어 매니저

트위터와 페이스북, 블로그와 같은 소셜 미디어를 이용해 전문적으로 기업 마케팅을 하는 사람을 소셜 미디어 매니저라고 해요. 이들은 기업의 소셜 미디어 계정을 꾸준히 관리하면서 신제품을 홍보하거나 이벤트를 기획하지요. 휴대폰 사용자가 크게 늘어나면서 소셜 미디어는 중요한 기업 마케팅 수단이 되었고, 실제로 많은 기업이 소셜 미디어 매니저를 채용하고 있어요. 소셜 미디어 매니저는 컴퓨터를 잘 다뤄야 하는 것은 물론이고, 소비자가 무엇을 원하는지 정확히 파악하고 발 빠르게 대처할 수 있는 능력을 갖춰야 하지요.

✷ 지속 가능 경영 전문가

기업이 경제적으로 좋은 성과를 얻을 뿐만 아니라 사회적 책임도 다해 여러 사람의 기대를 만족시킴으로써, 기업의 가치를 높이고 지속적으로 성장해 가는 것을 지속 가능 경영이라고 해요. 지속 가능 경영 전문가는 기업이 이러한 경영 체계를 만드는 데 필요한 정보를 제공하며, 기업에게 도움이 되는 프로젝트를 개발하거나 관련 연구를 진행하지요.

## ✳ 대테러 전문가

2001년 뉴욕에서 발생한 테러나 2015년 파리에서 동시다발적으로 벌어진 테러 등 세계 곳곳에서 테러가 발생하면서, 이러한 테러에 맞설 수 있는 전문 인력이 필요하게 되었어요. 대테러 전문가는 언제 어디서 일어날지 모를 테러에 대비하면서 국민의 안전을 지키기 위해 노력한답니다. 대테러 전문가가 되기 위해서는 국가정보원에서 실시하는 시험에 합격해야 해요. 합격 후에는 체계적인 교육을 받지요. 테러 예방은 지속적으로 이루어지는 작업이기 때문에 인내심과 끈기가 있어야 하고, 테러 관련 정보를 수집하고 분석할 수 있는 능력과 뛰어난 체력, 그리고 위험에 맞설 수 있는 용기가 필요해요.

## ✳ 모유 영양 분석가

엄마의 영양 상태가 모유의 영양 성분에 미치는 영향을 분석해 아이에게 영양분이 더 골고루 갖춰진 모유를 먹이는 데 도움을 줘요. 모유에 관한 관심이 높아지면서 새로 생겨난 직업인 모유 영양 분석가는 엄마가 보내온 식단 일지와 모유를 바탕으로 영양 분석 작업을 진행해요. 엄마에게 부족한 영양분이 있다면 그것을 섭취할 수 있도록 식단을 짜서 보내 주지요. 대학에서 식품공학이나 화학을 전공하면 모유 영양 분석가로 일하는 데 도움이 돼요.

## ✳ 분쟁 조정사

여러 이유로 갈등 상황에 놓인 당사자가 법적 소송이 아니라 합의를 통해 문제를 해결할 수 있도록 돕는 일을 해요. 분쟁 조정사는 제3자의 입장에서 당사자 양쪽의 이야기를 들어 보고, 대화로 해결책을 찾아갈 수 있는 길을 안내하지요. 재판은 돈과 시간이 많이 드는 일이기 때문에 분쟁 조정사의 도움으로 문제를 원만하게 해결하는 것은 모두에게 큰 도움이 된답니다. 분쟁 조정과 관련된 제도와 교육 프로그램이 마련 중이며, 앞으로는 분쟁 조정사의 역할이 매우 중요해질 것으로 보여요.

## ✳ 인터넷 게임 중독 치료 전문가

수많은 사람이 인터넷 게임을 즐기는 시대가 되었지요. 게임은 누구나 재미있게 즐길 수 있는 오락이지만, 거기에 중독되어 문제를 겪는 사람도 생겨나고 있답니다. 인터넷 게임 중독 치료 전문가는 이러한 사람들의 상태를 진단하고 중독에서 벗어나게 도와주는 일을 해요. 알코올 중독이나 마약 중독 치료와 마찬가지로 제일 먼저 할 일은 환자 자신이 중독되었다는 사실을 인정하게 하는 거지요. 그 후에 다양한 방법을 동원해 치료를 진행해요. 환자 스스로 병원에 찾아오는 경우는 드물기 때문에 직접 찾아가서 치료를 해야 하는 경우가 많아요. 인터넷 게임 중독 치료 전문가에게는 중독 치료에 관한 전문 지식 외에도 상담 능력이 필요하며, 무엇보다 중독 환자에게 친밀하게 다가갈 수 있는 따뜻한 마음을 가져야 해요.

## ✳ 의료 통역사

우리나라에 의료 서비스를 받으러 온 외국인과 의료진 사이의 통역을 담당하는 사람을 의료 통역사라고 해요. 단순히 통역 업무만 맡는 것이 아니라, 진료 기간 내내 외국인 환자를 관리하지요. 의료 통역사는 의사소통에 전혀 문제가 없을 정도로 외국어 실력이 뛰어나야 하며, 의료진의 설명을 외국어로 정확하게 전달하려면 의학 용어에 대해서도 잘 알고 있어야 한답니다. 전문 교육 기관에서 의료 통역사 교육을 받을 수 있으며, 통번역 대학원을 나오면 취업에 유리해요.

# 어린이 지식ⓔ

〈어린이 지식ⓔ〉 시리즈는 감동과 재미를 주는 EBS 『지식채널ⓔ』의 내용을 어린이의 눈높이와 초등학교 교과 과정에 맞춰 주제별로 재구성했습니다.

### 1. 생명과 환경

생명의 탄생과 흐름, 나와 가족, 공동체에 대한 다양한 주제들을 다루어 세상에 대한 바른 시선과 다양한 지식을 제공해 준다. '태어날 때 이미 3억의 경쟁자를 이긴 게 바로 나?', '안아 주는 것만으로 생명을 살릴 수 있다?', '베풀고 살면 몸이 건강해진다?', '햄버거 때문에 지구가 위험하다?', '평생 고기를 먹지 않은 사자가 있다?' 등의 재미있는 이야기를 통해 자존감을 높여 주고, 나와 가족과 사회를 생각하게 해 주고, 더불어 살아가는 지혜를 일깨워 준다.

값 12,000원  ISBN 979-11-86082-33-1(64300)

### 2. 경제의 이해

경제란 무엇인지 알게 해 주고, 어린이들이 올바른 경제관념을 갖도록 해 준다. 단순히 물건을 사고파는 일 외에도, 모든 일상의 활동이 경제와 어떻게 관련돼 있는지 흥미롭게 알려 준다. '2000만 마르크로 살 수 있던 게 고작 빵 한 덩이?', '물가의 마술에 걸려 오르락내리락하는 돈의 가치?', '배도 그물도 없이 고기를 낚는 어부들이 있다?', '새 옷 한 벌 때문에 서재를 통째로 바꾸었다?', '먹을거리 3km 다이어트로 푸드 마일을 줄인다?' 등의 내용을 재미있게 알아볼 수 있다.

값 12,000원  ISBN 979-11-86082-34-8(64300)

### 3. 소중한 문화유산

우리 얼이 담긴 문화재, 나라를 위해 삶을 바친 위인들, 되새겨야 할 역사적 사건들을 담아 우리의 문화유산이 어떻게 지켜졌는지, 어떤 면에서 우수한지 알려 주며 문화적 자긍심을 키워 준다. '전 재산을 걸어 낡은 것들을 모은 바보가 있다?', '최초의 국어사전을 만들게 한 말모이 작전은 무엇?', '묻고 듣는 것이 세종대왕의 특별한 능력이라고?', '경부고속도로가 세운 세계적인 기록은?' 등의 해답을 찾아가는 사이 '왜', '어떻게' 우리 것들이 만들어지고 위기 속에서 이어져 왔는지 알 수 있을 것이다.

값 12,000원  ISBN 979-11-86082-35-5(64300)

### 4. 함께 사는 사회

전쟁과 자연재해, 기후 변화 등 국제 사회에서 벌어진 다양한 사건들을 다루며, 지구촌의 이웃과 더불어 살기 위해 무엇을 나눠야 할지 고민하게 한다. 또한 나눔을 실천하는 국제기구를 알아가면서 서로 도우며 살아가는 방법을 배울 수 있다. '가난한 환자를 직접 찾아가는 병원 열차가 있다?', '회색늑대가 사라진 숲이 왜 황폐해졌을까?', '의학 교육을 무료로 시켜 주는 나라가 있다?', '1069명의 아이를 구한 유모차 공수 작전이란?', '핵폐기물이 안전해지기까지 10만 년이 걸린다고?' 등의 답을 찾을 수 있다.

값 12,000원  ISBN 979-11-86082-36-2(64300)

### 5. 꿈과 진로

행복한 인생의 필수 요건인 꿈과 직업에 관한 이야기를 담아 자신의 꿈을 발견하고 이를 직업으로 실현시키기까지 어떤 과정을 거쳐야 하는지 알려 준다. 힘든 상황에서도 포기하지 않고 자신의 꿈을 현실로 만든 사람들의 이야기를 통해 바람직한 삶의 자세를 배울 수 있다. '거짓투성이 책의 작가가 빅토르 위고?', '사물의 몸과 마음으로 들어가는 신비한 능력?', '대학 중퇴자가 최고의 CEO가 될 수 있었던 비밀은?', '600년 전통 명문 학교의 주요 과목이 체육?' 등의 내용을 재미있게 만날 수 있다.

값 12,000원  ISBN 979-11-86082-37-9(64300)

# '5분의 메시지'로 생각하는 힘을 기른다!

생각하는 힘을 키워 주는 『어린이 지식ⓔ』는
아이들에게 책 한 권의 지식을 넘어, 지혜를 자라나게 해 줍니다.

어린이 지식ⓔ 시리즈

### 6. 역사와 인물
문명을 발전시킨 도구와 사회를 바꾼 사건과 인물들을 소개한다. 인류 문명의 발전을 가져온 재미난 이야기와 다양한 정보는 역사에 대한 흥미를 불러일으키고, 우리의 일상을 만들고 변화시켜 온 살아 있는 역사를 만나게 해 준다. '인류의 발전은 두 손에서 시작됐다?', '1582년 로마의 달력에서 열흘이 통째로 사라졌다?', '지구가 돈다는 사실을 증명해 낸 것이 교수의 장난감?', '18세기 사람들은 이슬이 나비가 된다고 믿었다?', '왜 나폴레옹은 자신을 그린 화가를 미워했을까?' 등의 궁금증을 풀 수 있다.
값 12,000원 ISBN 979-11-86082-38-6(64300)

### 7. 창의적 도전
세상을 새롭게 변화시킨 사람들의 새로운 발상과 상상력을 소개해, 어린이들의 창의적인 사고력을 키워 준다. 생각을 일깨워 주고, 바꿔 주고, 다르게 생각하도록 영감을 주는 이야기는 '사물을 어떻게 바라보고, 어떤 방식으로 생각할 것인가?'라는 것을 깊이 생각하게 한다. '청중들의 소음만으로 이루어진 음악이 있다?', '변기를 전시하면 예술 작품일까? 아닐까?', '꽃과 열매 그림이 멀리서 보면 사람 얼굴이라고?', '피카소가 한국 전쟁의 참상을 그린 이유는?' 등의 이야기를 만날 수 있다.
값 12,000원 ISBN 979-11-86082-39-3(64300)

### 8. 과학과 기술
과학과 기술이 어떻게 시작되고 발달해 왔는지에 대한 이야기가 실려 있다. 새로운 아이디어로 인류의 삶을 바꿔 놓은 발명 이야기를 통해 과학적인 잠재력을 깨우고, 과학에 대한 지식을 배우게 한다. '달의 뒤편으로 간 남자가 있었다?', '라이트 형제가 발명한 비행기 원리는 자전거에서 얻었다고?', '엘리베이터가 100층을 오르는 데 수만 년이 걸렸다고?', '혈액이 온몸을 한 바퀴 도는 데 1분밖에 안 걸린다고?', '깡패에게 돈을 빼앗긴 곳을 알려 주는 지도가 있다?' 등 흥미로운 정보가 가득하다.
값 12,000원 ISBN 979-11-86082-40-9(64300)

### 9. 자연과 생태계
생태계의 신비한 이야기를 통해 동식물의 생존 법칙과 인간이 자연과 공존하는 방법을 알려 준다. 깊이 있는 자연 탐구의 기회를 주는 것은 물론 소중한 자연을 지키고 보존해야 함을 깨닫게 한다. '식물도 화가 나면 공격한다고?', '달리기에서 타조가 치타를 앞지를 수 있을까?', '생명이 있는 곳 어디에나 있는 백색 결정체는 무엇일까?', '깊고 어두운 해저 2700m, 생존의 법칙은 무엇일까?', '다람쥐의 볼에 도토리 12알을 넣을 수 있다고?' 등의 의문을 풀 수 있다.
값 12,000원 ISBN 979-11-86082-41-6(64300)

### 10. 다양한 가치관
어떤 가치관을 가지고 세상을 살아가야 할지 생각해 볼 수 있는 이야기가 담겨 있다. '어떻게 살아야 한다.'라는 정의를 내려 주지는 않지만 올바른 가치관을 세우기 위해 꼭 필요한 분별력을 기를 수 있다. '미국의 시내 한복판에 북한을 소개하는 식당이 있다?', '20점 만점에 10점만 넘으면 원하는 대학에 갈 수 있는 나라는?', '나의 모든 이야기를 잘 들어 주는 컴퓨터가 있다?', '글짓기를 잘하는 사람은 글쓰기를 못한다?' 등의 재미있는 이야기를 만날 수 있다.
값 12,000원 ISBN 979-11-86082-42-3(64300)